买在底部

稳赢建仓策略

冯 钢 李嘉欣 / 著

山西出版传媒集团  山西人民出版社

图书在版编目（CIP）数据

买在底部：稳赢建仓策略 / 冯钢，李嘉欣著．

太原：山西人民出版社，2025.3.— ISBN 978-7-203

-13732-0

Ⅰ. F830.91

中国国家版本馆 CIP 数据核字第 2025WN6549 号

买在底部：稳赢建仓策略

著　　者：冯　钢　李嘉欣
责任编辑：闫　飞
复　　审：崔人杰
终　　审：梁晋华
装帧设计：卜翠红

出 版 者：山西出版传媒集团·山西人民出版社
地　　址：太原市建设南路 21 号
邮　　编：030012
发行营销：0351-4922220　4955996　4956039　4922127（传真）
天猫官网：https://sxrmcbs.tmall.com　电话：0351-4922159
E-mail：sxskcb@163.com　发行部
　　　　　sxskcb@126.com　总编室
网　　址：www.sxskcb.com

经 销 者：山西出版传媒集团·山西人民出版社
承 印 厂：廊坊市祥丰印刷有限公司

开　　本：710mm×1000mm　1/16
印　　张：12.5
字　　数：202 千字
版　　次：2025 年 3 月　第 1 版
印　　次：2025 年 3 月　第 1 次印刷
书　　号：ISBN 978-7-203-13732-0
定　　价：108.00 元

2024 年 10 月，冯钢在 2024 全球投资与发展大会
暨博股国际投资论坛 10 周年大会发言

2024 年 10 月，冯钢参加 2024 全球投资与发展大会
暨博股国际投资论坛 10 周年活动

作者之一李嘉欣女士，
2023 年 6 月

2024 年 12 月，李嘉欣
参与加拿大皇家银行
2025 全球市场投资展
望论坛

2024 年 12 月，李嘉欣参加香港领航 2025 财富大分配——全球投资分析会

2024 年 12 月，李嘉欣参加新加坡领航 2025 财富大分配——全球投资分析会

2023 年 7 月，李嘉欣参加新加坡首届国际投资特训营活动

2023 年 7 月，李嘉欣参加香港首届国际投资特训营并做主题演讲

股市交易中，多数人都在追求精准交易，总想买得更低，卖得更高，抓到更牛的股票，拿到更丰厚的利润，但是他们忽略了一点——资金及仓位管理的重要性。通过科学的资金管理不仅能将你原本可能获取的收益放大数倍，更重要的是，还能让你在买点判断失误的情况下尽可能地避免损失、全身而退。

股市永远不缺机会，游戏会永远继续，而一旦你输光了本金，就连参与游戏的资格都没有了，因此保全自身是第一要义。聪明的投资者，尤其是能在市场中长期获利的杰出投资者都深谙此道。如果注意到一些投资大师的演说或书籍，会发现他们的投资策略可能各有不同，但必不可少的一项一定是资金管理。

很多股民致力于通过对图表形态的分析找到市场的规律，或者通过对财务报表的分析看清公司的价值，但是无论是技术面还是基本面，都有其局限性，想要在市场中持续获利，仅靠"科学"是不够的。当你信赖的技术指标失灵，导致亏损，你应该做的不是沮丧，而是跳出现有的思维局限，往更高的维度去思考。假如有一种方式可以让你在面对30%的大幅下跌时毫发无损，只要市场出现3%的小反弹，就能立刻解套出局，全身而退，你认为这是科学还是神迹？资金管理就是这么神奇，它的操作过程可能是逆人性的，但只有克服人性，才能达到常人所不能理解的境界。

我们经常会听闻一些普通投资者在股市中亏光了自己的全部家当的案例，但是极少会听闻一些大的银行机构、私募基金突然宣布倒闭。除了他们与个体投资者之间的资金体量和交易方法的差异，更重要的是他们有自己的一套资金管理系统，通过对资金的科学分配及分仓操作，即使偶尔遭遇亏损，也能通过后续资金的介入转危为安，扭亏为盈。而散户投资者要么没有意识到资金管理的意义所在，要么不知道如何系统地学习相关的方法。

本书正是致力于此，我们根据在行业内的多年投资心得，并依据大量的数据演算和实例推导，终于研究出了一套能让投资者实现风险最小化的建仓模型。该模型通过对空间的预判与对资金的测算，用最优的建仓比例保证最稳健的获利效应，利用最小的波动撬动最大的利润，从不确定的结果锁定确定的收益，让每一个散户投资者都能在最佳底部安全地参与股市。在这场财富的游戏中，本书将是你锁定胜局、笑到最后的制胜武器。

自 序

　　自 2024 年初，我们就密切跟踪中美金融博弈的局势。美国肩负着 35 万亿美元的沉重国债，利率曾拉到 5.5% 的高度，直到 2024 年 9 月 18 日，美联储才宣布降息 50 个基点。与此同时，中国紧随其后，于 9 月 24 日宣布下调存款准备金率 50 个基点，可谓是巨大的"放水"操作。随之而来的是香港恒生指数在 10 天内上涨 30%，中国 A 股上证指数也在同期飙升近 1000 点。很快，随着美国非农数据的发布，降息预期降温，港股和 A 股又进入震荡调整阶段，直到 2024 年 11 月 8 日前后，美国大选的"靴子"落地，美联储再度下调利率 25 个基点，未来的趋势将进入一个新阶段。

　　回顾 2024 年大国的金融博弈，全球股市波澜起伏，投资市场宛如一场"财富的游戏"，这场游戏的本质就是对资本的争夺。不可否认，国际局势的风云变幻对各国资本市场都产生了巨大的影响，身处其中，我们也不得不跳出自己眼前小小的屏幕，放眼世界，关注世界究竟在发生什么，我们能否赶上这波新浪潮。

　　读万卷书，不如行万里路，为了深刻感受世界的变化，我们毅然出发寻找真相。

当我们踏上欧洲的土地，面对大西洋汹涌的波涛，不禁想起这里竟是哥伦布探索美洲新大陆的起点。航海家们面对全然未知的世界，果断扬帆远航，寻找新大陆，为的就是寻找传说中满地黄金与香料。少数幸运的返航者也确实凭借这样的探索，造就了日不落帝国的辉煌；然而，随着时间的推移，又好像没有任何一块领土能永远日不落。

我们又到北美地区，感受到华尔街的繁荣富足与自由开放，但它曾经是大航海时代一个"错误航线"中的偶然发现。如今，在这片充满活力与天量财富的土地背后，是殖民时代激烈斗争和血腥掠夺的见证。

我们再来到东南亚，这是一个代表着背井离乡淘金人的梦想之地，是烽火连天时的人间净土，也是很多有志不伸之士的暂避之所。随着探险者和殖民者的到来，这片土地遭遇了动荡和分裂。在经历战乱和外来势力的争夺后，它又凭借自己的坚韧与创造力，焕发出新的活力，如今正上演一幅纷繁瑰丽的画卷。

在这时空的穿梭之间，我们感受到的是时代的巨变，历史的轮回。

过往的兴衰更迭一直在上演，唯一不变的是人类对于财富的追逐。财富的流动和分配向来是成王败寇的游戏，不过是变换了更多上演的形式，股市便是其中最典型的一种。在股市中，面对未知的边界，面对未知的风浪，每个人都为自己心中的财富梦想奋力前行，大多数人折戟沉沙，只有少数勇气与智慧兼备的人满载而归。股市里任何一个方法或工具，如果没有思想的高度，只是机械使用，成功是偶然，失败是必然。无论技术面还是基本面，都有其相应的局限性，股市悟道需要更广的视野，更高的维度。

为此，我们在世界各地拜会了很多经济学家，他们都有一个共识，当今世界正在经历前所未有的巨变，当前的股市仅靠技术分析是不全面的，最重要的是看清局势和趋势，建立自己的交易系统，做好充分的资金管理。

　　这本书取名为《买在底部：稳赢建仓策略》，这个策略就是书中隐藏的"康帕斯"，它取自"Compass"的音译，象征着股市中的罗盘。在不断变化的市场环境中，它能够帮助我们确定方位，探测时机，带领我们看清趋势。投资者可利用书中稳赢建仓策略，买在底部①，做好资金管理，从容面对每一次涨跌，稳步驶向财富的港湾。

　　已经到来的 2025 年，更是一个巨变的时代，资本市场即将上演"财富重新分配"的游戏。对广大股民而言，永远要记住：时间与历史的轮回是永恒，探索与前进的精神永不灭，财富的争夺过程中一定会伴随痛苦与牺牲，我们能做的只有看清现实，找到自己，然后怀揣智慧和勇气，做到稳赢投资。

冯钢　李嘉欣

2025 年 1 月 8 日

---

① 本书所指底部是指"底部最优区域"，并非最低位置。请投资者谨慎把握。

作者李嘉欣来到哥伦布探索新大陆的起点

目 录

第一章

资金及仓位管理的重要性

　　投资充满了不确定性和风险，投资者在股市这个时刻波动的海洋中只是一叶扁舟。如何能够在这个变化无常的市场中找到通往长期稳定收益的航道，是每一位投资者必须面对的问题。

　　在股市投资中，风险无处不在，这些风险可能来源于市场的瞬息万变，导致的资本价值的波动，也可能来自投资者自身的决策失误，让投资计划付诸东流。面对风险，投资者如何保护自身的利益，就显得至关重要。投资者最应该关注的就是资本的损失。这个损失有两方面的含义：一方面是由于市场波动引起的资产价值的减少；另一方面是由投资者自身的投资决策错误导致的投资失败。

　　当然，任何股民在股市投资中都会涉及两个方面——资金和仓位。对于资金的管理主要是指投资者如何根据自己的投资目标和策略，选择最适合自己的投资组合，并进一步根据自己的风险承受能力和期望的收益，设定理想的资金分配比例。而对于仓位的管理则涉及投资者根据市场状况、投资策略，以及自身的风险承受力度，对各类投资组合的比重进行动态调整。

资金和仓位管理是投资者在高风险股市中保护自己的关键手段，也是他们能够应对各种复杂市场情形的关键武器。良好的资金和仓位管理，能够帮助投资者实现长期稳定的收益。股票市场正如马拉松比赛，短期的领先并不意味着能够胜出，重要的是能否长久地坚持下去。也就是说，我们先要在市场上生存下来，才能再谈收益。只有懂得资金和仓位管理的投资者，才能避免陷入短视的投机之中，找到真正属于自己的投资节奏，最终实现长期稳定盈利。

那么，资金和仓位管理的重要性究竟体现在哪些方面呢？我们可以从以下三个角度，深入探讨一下这个问题。

第一节　不可思议的全仓交易

股市投资的收益靠的是波动套利及复利效应，而非仅仅依赖于单一的买卖价差。就像相同起始点和终点的区间内折线比直线轨迹更长，在合适的位置通过高抛低吸的滚动式操盘手法，结合仓位的分配和管理就可以显著增加投资的总回报，这也是股票交易的核心魅力所在。对于很多投资者，尤其是对于那些刚刚涉足这个领域的初级投资者来说，很多人会采取全仓操作。看到一个理想价位，就想毫不犹豫地将所有的资金投入市场，等股价上涨时再全部卖出赚取利差，这种做法实际上存在着极大的风险，并且有时是不可能完成的。

全仓交易的风险主要体现在以下五个方面：

1. 市场冲击：大额资金的一次性投入会导致市场供需关系迅速改变，股价可能会因为买入量过大而迅速上涨，这不仅会推高投资者的买入成本，还可能引发市场的过度波动。

2. 流动性风险：在市值较小的个股中，流动性通常较低，全仓交易可能导致投资者难以在需要时快速卖出股票，从而面临流动性风险。

3. 集中风险：全仓交易意味着投资者将所有资金集中在单一资产或少数几个资产上，这极大地增加了投资组合的集中风险，一旦这些资产出现问题，投资者可能会遭受重大损失。

4. 心理影响：全仓交易可能会给投资者带来巨大的心理压力，因为所有的资金都集中在一个篮子里，任何不利的市场变动都可能造成重大的心理压力。

5. 错失其他机会：由于资金全部投入一个市场或资产，投资者可能会错失其他市场或资产的投资机会，限制了投资组合的多元化和收益潜力。

另外，为什么说全仓交易有时不可能实现，这是源于对于金融市场的深刻认知。首先我们需要清楚地认识到，市场上的股票和可投入的资金哪个是有限资源，哪个是无限资源？大部分人可能会认为股票的可选项有很多，而手中的钱却总不够用，但实际上，放在整个金融市场来看，股票市场是有体量限制的，而且不是所有的股票都有投资价值，而钱只是一种信用的符号，理论上可以源源不断地投入市场。因此，股票是有限资源，钱是无限资源，具体体现在以下方面：

一、股票的有限性

股票发行数量有限：每家上市公司发行的股票数量是有限的，这通常取决于公司的总股本。即使公司通过增发股票来筹集资金，增发的数量也是有限的，并且需要经过监管机构的批准。

流通股限制：在已发行的股票中，只有一部分是流通股，即可以在公开市场上自由买卖的股票。其他股票可能因为锁定期、大股东持股等原因不在市场流通。

股票的投资价值：虽然市场中股票很多，但真正能帮你赚钱的只有那些有核心价值公司的股票，否则再辉煌的上涨也有被腰斩的可能，无法持续获利。

以美股的瑞幸咖啡为例，该公司曾因财务造假丑闻而导致股价暴跌。

瑞幸咖啡在 2019 年上市后，一度因其快速扩张和增长的营收受到投资者的追捧。然而，随着财务造假问题的曝光，公司的真实价值迅速缩水，股价从高点跌落至几乎一文不值，最终从纳斯达克退市。在这种情况下，即使投资者在股价下跌时不断加仓，也无法改变公司基本面恶化的事实，最终导致投资损失，瑞幸的案例清楚地表明，即使投资者拥有无限的资金，但如果投资于没有核心价值、存在严重问题的公司，最终也难以避免巨大的亏损。价值投资的核心在于选择那些具有持续盈利能力、良好管理团队和清晰商业模式的公司。这些公司的股票即使在市场波动中出现下跌，长期来看也更有可能恢复并创造收益。相反，那些缺乏核心价值的公司，其股价的上涨往往是不可持续的，投资者在这些公司上的资金投入，最终可能会因为公司基本面的问题而遭受损失。

因此，投资者在选择股票时，还应该深入研究公司的基本面，包括其财务状况、行业地位、增长潜力和风险因素，坚持价值投资的原则，选择那些有核心价值的公司进行投资。通过深入分析和审慎的资金管理，投资者可以更有效地实现资本的长期保值和增值，避免因投资缺乏价值的公司而遭受不必要的损失。

首先，对于投资者来说，尤其是资金体量较大的投资者，在选定的有价值的股票范围内，想要在一个相对的底部区域全仓介入基本是做不到的。例如巴菲特，他除了投资美股以外，他还买了比亚迪，他是不是在跨市场交易呢？那他为什么要跨市场，因为资金量足够大的时候他就需要多股票交易甚至跨市场交易。

其次，全仓交易的实现难度来自市场的激烈竞争。当股价下跌时，人们都在恐慌，但我们都知道机会总在绝望中产生，当股价逐渐接近底部的时候，很多人都要底部建仓。想象一下，当你发现一个自认为理想的买入价位，希望在这个点位上全仓介入，可同时会存在大量的其他买盘，都在争先恐后地抢夺机会。假如这里是一个价值低洼地，大量的买盘涌入就会导致股价迅速攀升，快速超出你的预期成本位，资金体量较大的投资者是绝无可能将资金都布局到一笔交易中的。

比如，2021 年 1 月，GameStop（GME）的股票成为零售投资者关注的焦点。由于 Reddit 上的 WallStreetBets 社区的推动，大量散户投资者开始购买 GME 股票，导致股价在短时间内从不到 20 美元飙升至超过 480 美元。在这种情况下，即使是小额投资者也难以在低价位全仓买入，因为股价的快速上涨使得他们的买入成本迅速增加。

二、资金的无限性

资金的可扩展性：理论上，只要有足够的信用和投资机会，投资者就可以筹集到无限的资金。但实际操作中，资金的筹集会受到市场条件、投资者信用和风险偏好的限制。

资金的流动性：资金的流动性较高，投资者可以迅速调整资金配置，但股票的买卖则受到市场流动性和交易规则的限制。

在这个前提之下，理论上讲，钱是无限资源，股票是有限资源。如果我有源源不断的钱，只要确定了一个介入价，之后股价只要继续下跌，我就加仓，那么除了极端情况下股价一路跌到 0 元以外，我是绝不会亏损的，当然这个要建立在选好股票的基础之上。用无限资源去投资有限资源应当是没有任何风险的，因为即使短期遇到股票下跌，也可以通过不断地加仓降低成本，同时资金的大量流入又会推动股价的回升，最终一定会实现盈利。而现实中股民之所以无法实现稳赚不赔，一方面是由于个人实际资金量的限制，更大的原因则是没有对资金的管理和仓位的控制。

因此，全仓交易不可实现的原因可总结如下：

1. 市场参与者众多：股票市场中有大量的参与者，包括个人投资者、机构投资者等，他们都有自己的买卖策略和目标价位。当一个投资者发现一个理想的买入价位时，很可能其他投资者也发现了这个机会。

2. 信息传播速度快：在互联网和社交媒体时代，投资信息传播速度极快。一旦某个股票被认为有价值，很快就会有大量资金涌入，导致股价迅速上涨。

3. 资金体量与市场容量不匹配：资金体量较大的投资者很难在一个较小市值的公司中实现全仓交易，因为其资金量可能远远超过该公司股票的流通市值。

4. 交易成本和滑点：在全仓交易的过程中，交易成本和滑点（即实际成交价格与预期成交价格之间的差距）会显著增加，尤其是在大量资金涌入时。

5. 监管限制：为了维护市场稳定，监管机构可能会对大额交易进行限制，例如，通过限制单笔交易的最大数量或设置交易冷却期。

由此可见，全仓交易无疑是一种不可实现的投资策略，以上是结合市场规则，从可行性及风险性的角度来评估。下一节，我们将从投资的核心目的——盈利的角度，结合具体交易数据来阐述全仓交易与分仓交易的区别。

第二节　你的资金在悄悄缩减

本节要分享的是一个可能让人意想不到的投资现象，而这种现象实际上揭示了市场的一种内在规律，也凸显了我们对于资金和仓位进行管理的必要性。

在我们深入探讨这个主题之前，让我们先来思考一个问题：

假如你投资 100 万元买了一只股票，买入后，这只股票的股价第一天上涨 10%，第二天下跌 10%，第三天又上涨 10%，第四天又下跌 10%，如此循环，你最后赚钱还是亏钱？

很多人可能会认为结果应该是盈亏相抵。但实际上，通过简单地计算我们可以发现结果并非如此。

第一天股价上涨 10%：$100 \times (1 + 10\%) = 110$（万）

第二天股价下跌 10%：$110 \times (1 - 10\%) = 99$（万）

第三天股价上涨 10%：$99 \times (1 + 10\%) = 108.9$（万）

第四天股价下跌 10%：$108.9 \times (1 - 10\%) = 98.01$（万）

即使盈亏比例相同，仅仅是 10% 的涨跌，过了 4 天的时间，资金就直接减少了近 2 万元。

这时候可能有人会问，如果是先跌后涨，会有不同的结果吗？那我们再做一次计算：

第一天股价下跌 10%：$100 \times (1 - 10\%) = 90$（万）

第二天股价上涨 10%：$90 \times (1 + 10\%) = 99$（万）

第三天股价下跌 10%：$99 \times (1 - 10\%) = 89.1$（万）

第四天股价上涨 10%：$89.1 \times (1 + 10\%) = 98.01$（万）

结果显而易见，无论是先涨还是先跌，都难以避免亏损的结果。

这就是在投资过程中大多数人都会忽略的波动性损耗。如果投资者用 100 万买了一只股票，这只股票经历连续的涨跌，每次涨跌幅度都是 10%，尽管从百分比上看，涨跌幅度相同，似乎不会亏也不会赚。但实际上，由于基数的变化，投资者最终会发现资产莫名其妙减少了。这是因为下跌总是基于一个较高的价值水平，而涨后的恢复却不能完全弥补之前的损失，这种现象在数学上被称为波动性损耗。

很多投资者在日常交易中往往只看到表面的盈亏百分比，并没有意识到实质性的本金亏损。

让我们做一个图表更直观地观察一下资金的变化：

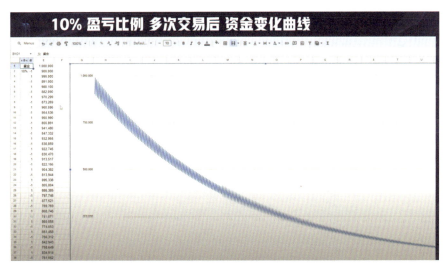

图 1.2.1　波动性损耗（盈亏比为 10%）

上图描述的是，若我们使用 100 万的资金进行投资，盈亏比始终为 10%，即先获利 10%、然后损失 10%、再次盈利 10%、再损失 10%……多次交易下来，资金的变化曲线却呈现出加速下滑的趋势。虽然盈亏看似平衡，但实际上资金已经被逐渐消耗。

你可能会认为，如果每次的盈亏比例提高，比如达到 20%，结果是否会不同？那我们将比例提高，先赚 20%，再亏 20%。演算结果如下图所示。

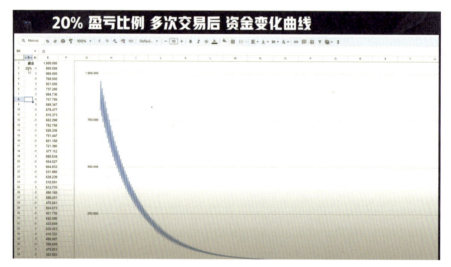

图 1.2.2　波动性损耗（盈亏比为 20%）

这时候，你会发现资金变化曲线变得更为陡峭，资金减少的速度大幅提高。如果将盈亏比例进一步放大，变为 30% 和 50%，如图 1.2.3 所示，你会惊讶地发现，曲线几乎变成了接近垂直的下滑走势，你的资金将以惊人的速度缩水，最终几乎归零。

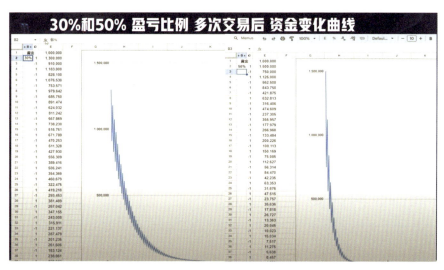

图 1.2.3 波动性损耗（盈亏比为 30% 和 50%）

全仓进出式的交易弊端已经显而易见，它揭示了一个常被忽视的问题：过度关注单次交易带来的短期收益，而忘却了长期投资效果是如何通过日积月累的涨跌达成的。一般来说，投资者都渴望能在股市中赚取持续稳定的收入，但很多投资者把注意力集中在某一次的交易上，忽视了投资的长期效果。他们可能忽视了计算自己的盈亏比例，忽视了计算真实的盈利结果，因此无法看到自己的资金在交易中的真实损失，导致他们的资金在交易中大幅损耗，让期望的盈利犹如海市蜃楼般难以把握。

波动性损耗在金融市场中很常见，它会导致资产价值在反复的涨跌中不断减少。如果投资者一直全仓买入股票交易，不计算仓位，即使是五五开的胜率，长期下来也只会亏钱，这也是经典的"赌徒输光定理"——无论赌徒的初始赌本是多少，只要赌博是公平的（即赢和输的概率各为50%），并且赌徒持续参与赌博，最终结果都是"长赌必输"，并且最终一定输光。因此，投资者需要仔细计算自己的资金和仓位，以减少波动性损耗。

那么如何抵御波动性损耗，在不确定中追求最大化的长期资本增长呢？

在股票市场进行投资充满了不确定性，而如何在这种不确定性中找到一个既能带来稳定收益又能长期增长的策略，是每个投资者都需要面对的挑战。其实一直都有人在致力于解决这个问题。凯利公式，这个源自信息论的数学公式，就为投资者提供了一种量化的方法，帮助他们调整每一次的投资资金，以期最大化长期投资资本的增长。

凯利公式是由约翰·凯利在1956年提出的，最初是为了解决长线通信中的信号噪声问题。在通信系统中，信号必须在各种噪声源的干扰下传输，而信息的传输率和错误率是相互关联的。为了最大化信息传输的效率，需要在可能出现错误的条件下权衡传输率和错误率。凯利在他的论文中提出了一个投注策略，即如何在有噪声干扰的通信系统中，通过正确的投注或者资料传输的方法来最大化信息传输速率。

这个策略后来被证明对于经济学，尤其是投资领域具有重要的指导意义。其核心思想是在面对不确定性的投资时，应该懂得如何分配资金才能在长时期内保证资金的最大增长率。凯利公式的计算方法是这样的：

$$f = p - \frac{q}{b} = p - \frac{(1-p)}{b}$$

其中 f 是下次投注的资金比例，b 是赔率，p 是胜率，q 是失败率。

在赌博中，如果有60%的胜率获胜，赢取赌局时可以获得1:1的赔率，那么赌客应该在每次下注的时候持有20%的资金作为赌注，这样才能最大化资金的长期增长率。如果计算结果是负值，那么就不建议下注。

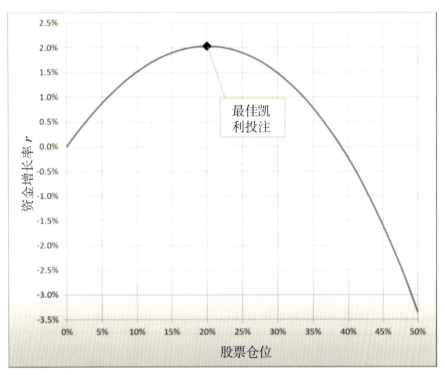

图 1.2.4　凯利公式下的资金长期增长率曲线，
其中胜率 p 为 0.6，失败率 q 为 0.4，赔率 b 为 1

　　投资组合管理的核心目标是通过多元投资来降低风险，同时追求资产的稳健增长。传统的资产配置方法侧重于根据投资者的风险偏好将资产分配在不同类型的投资产品上，而凯利公式提供了一种更为动态的资金管理方法，它根据每项投资的盈利概率和盈利规模来确定资金的配置比例。

　　这个公式看起来可以很科学地计算出每次投资的比例，但在实际操作中也存在很大的执行性问题。

　　因为在使用凯利公式之前，投资者首先要知道投资的赔率和胜率，也就是自己交易的胜率以及盈亏比。这需要记录每一笔交易的详细信息，了解自己的交易数据。有了这两个基本数据，才可以利用凯利公式计算每一次投资应该投入的最佳资金比例以及单次交易的最大亏损金额。

假设投资者有 10 万资金用作交易，自己交易系统的胜率是 60%，盈亏比是 1.5，那么通过凯利公式的计算，我们可以得到投入资金比例为 33.33%。也就是说，如果是 10 万资金，可以拿 3 万左右当作最大的亏损金额。如果要购入的股票价格是 10 元，自己设置的止损价格是 7 元，价差 3 元，3 万元可以买入 1 万股。

但是对于大部分投资者来说，并不能准确计算出自己投资交易的赔率和胜率以及盈亏比。每一次投资的结果都会影响总资本的大小，从而影响后续投资的金额，因此投资者需要不断地重新计算和调整投资比例。同时，市场环境的变化也可能影响投资的赔率和胜率。投资者还需要考虑资金的流动性和紧急备用金的需要，特别是使用了杠杆的投资者，就更增加了公式应用的复杂度和难度。

当然凯利公式是一种在投资组合里值得学习和应用的工具，它可以帮助投资者科学地分配资金，通过理性的科学计算来控制风险和追求最大化的长期资本增长。然而，凯利公式也需要谨慎和持续的市场分析和数据统计的能力，这对散户投资者来说既是挑战，也是提升自己交易能力的机会。

对于个体投资者来说，有没有更加简单高效的资金及仓位管理方式呢？本书从第二章起详细阐述的模型就是针对这个问题的，旨在帮助投资者拥有一套切实可行、科学高效的分仓系统，以应对瞬息万变的股市，在不确定中赚取确定的收益。

第三节　交易高手的资金管理策略

在股票投资中，一套有效的资金及仓位管理策略对于保证资金的安全具有至关重要的意义。无论是新手还是老手，都应当认识到股票投资中风险的存在。而正是因为有风险，投资才有了其存在的意义和价值。也因为如此，各种专业的风险管理和防范手段也应运而生。其中，有效运用资金及仓位管理方法就是为了降低风险，使投资变得更加安全和可控。

一、有效的资金与仓位管理策略

股市的本质是不可预知的，股价的波动受到无数变量的影响，正如本杰明·格雷厄姆所说："市场短期是一台投票机，长期是一台称重机"。然而，不论是大众的预期还是公司本身的价值，都需要在足够长的时间中体现。在回归价值中枢的运动过程中会出现很多由短期因素所引起的价格波动，这就使得市场充满了不确定性，也正是这种不确定性给投资者带来巨大的获利空间。

高素质的投资者总是擅长在风险和回报间寻找平衡，他们对股市有清晰的认识，他们知道股市没有绝对的事情，唯一能确定的就是风险绝不会消失。因此，他们运用资金和仓位管理方法来降低风险，使投资变得更加安全和可控。

有效的资金和仓位管理策略，是能够让投资者在面对市场意外时保持理性和冷静，并拥有自救能力的策略。这就像彼得·林奇所说："投资成功的关键不是预测未来，而是制定计划并坚持到底。"真正持续盈利的高手，不是能精准预测未来，而是会将每种可能发生的结果都提前预防，永远让自己立于进可攻退可守的位置，占据主动性。

以底部建仓为例，很多投资者在股市连续下跌时会感到恐慌。然而，从投资角度来看，绝望中往往孕育着机会。当股市逐渐靠近底部时，许多人一定希望能在低位建仓，获取最大的回报。然而，底部的判断成了一个难题，如果投资的时机与底部的实际位置有所偏差，投资者就可能需要承受较长时间的亏损。或者是在股价稍有反弹后遇到一些出乎预料的情况，例如，股市可能在一根大阳线之后开始震荡，然后可能因为某些突如其来的事件，股价会突然反转，形成一根大阴线，完全破坏你的买入预期，并且导致你的资金大量亏损。

在这种情况下，你会心甘情愿选择止损吗？

及时止损无疑是投资策略中的一项重要原则，它可以帮助投资者及时纠错，避免遭受更大的损失。然而，频繁的止损也会带来一系列问题，包括时间成本、交易手续费以及潜在的机会成本等。

首先，时间成本是指投资者花费在监控投资组合、评估市场状况以及做出交易决策上的时间。如果投资者需要不断地进出市场以避免损失，这将占用大量的时间和精力。

其次，交易手续费是每次买卖股票时必须支付的费用，包括佣金、印花税等。尽管单次交易的费用可能看起来不多，但频繁交易会使得这些费用累积起来，对投资回报产生显著影响。例如，如果投资者每次交易支付0.1%的佣金，一年内交易50次，那么仅佣金成本就达到了5%，这对任何投资回报都是一个不小的侵蚀。

再次，还有机会成本需要考虑进去。如果投资者在每次下跌时都选择卖出，可能会错过之后的回升，从而遭受不必要的损失。以科技股为例，这类股票通常波动性较大，如果投资者在每次大幅波动时都选择卖出，可能会在股价回升时错失良机。

因此，投资者需要明白止损的含义，以及何时需要止损。当你受人诱导买入了一只股票，随后发现这家公司存在暴雷的风险，甚至可能面临退市，或者在图表上已经明确进入了高位之后的下行阶段，那这个时候，就需要果断"割肉"，也就是止损，选择承受小额资金的损失，规避更大的危机。但是，如果你是经过分析买入了一只处于相对低位的股票，但是短期股价并未止跌，此时如果只是由于承受不了心理压力而选择全部卖出，这并不是最佳的决策。这时就要用到分批建仓的策略，通过资金分配及仓位的控制，把成本压到尽可能低的位置，等待股价回升的机会。

要实现持续盈利，我们必须明白以下两个原则。首先，交易逻辑负责进攻、资金管理负责防守，也就是利用适当的机会进行交易，通过灵活的交易策略实现盈利；其次，这也意味着在风险面前，我们需要将本金保护好，在市场的风浪中存活下来，等待最佳机会的到来。在此背景下，交易的"进攻"与"防守"并非字面意义上的买入或持有，而在于机会管理和风险防控。在机会出现时，根据交易逻辑选择抓住并利用，实现盈利，这就是进攻；而在等待机会的过程中，通过有效的资金管理，保护好自己的本金，让自己有足够的生存空间和时间，等待机会的到来，这就是防守。

这两点并不是相对立的关系，而是相辅相成的关系。你掌握的交易策略和方法，只有在你能在市场中生存下来的前提下，才能有效地发挥作用。如果你在市场中无法生存，那么再好的交易机会，对你来说也没有意义。

二、投资大师的交易心得

我们不妨看看那些能长期盈利的交易高手是如何保证本金安全并持续盈利的。下面给大家整理了一些国际投资大师的交易心得。

第一位，安德烈·布殊，曾在为期 4 个月的交易大赛上，创下利润率 4537.8% 的成绩。

安德烈根据交易信号，应用科学的资金管理策略，共使用三种交易类型，分别是保守交易法、普通交易法、积极交易法。

1. 保守交易法：使用较小的仓位，例如总资金的 20%—30%，设置严格的止损，以保护资金并追求稳定的收益。

2. 普通交易法：使用中等仓位，例如总资金的 30%—50%，追求合理的回报，同时保持对风险的控制。

3. 积极交易法：使用较大的仓位和杠杆，但始终保持风险控制，确保最大亏损不超过投资额的 25%。在信号不明朗时把投资额的 1/3 获利平仓，利润将用作保证另外 1/3 的投资，使真正冒风险的只有 1/3 的投资额，同时又可以享有 2/3 投资额的盈利潜力，使自己立于不败之地，同时不会由于大鱼溜走而影响心情，保持平静的心境。

第二位，约翰·墨菲，被称为期货技术分析"教父"，著有书籍《期货市场技术分析》《多市场之间的技术分析》，其中《期货市场技术分析》被视为期货技术分析的"圣经"。

他有着自己严格的交易法则：

1. 投资额必须限制在全部资本的 50% 以内，剩下的一半是储备，用来保证在交易不顺手的时候或发生不测时有备无患。

2. 在任何单个市场上所投入的总资金必须限制在全部资本的 10% ~ 15% 以内，可防止在一个市场上注入过多的本金，避免"在一棵树上吊死"的危险。

3. 在任何单个市场上的最大总亏损金额必须限制在全部资本的 5% 以内。

4. 任何一个市场群类上所投入的保证金总额必须限制在全部资本的 20% ~ 25% 以内，防止在某一类市场中投入过多的资金。

第三位，理查德·丹尼斯，海龟交易创始人，被人们尊称为"世纪投机大师"，创造了用 400 美元赚到 2 亿美元的神话。

他始终遵守的交易法则如下：

1. 每个头寸的大小应当等同于资本总额的 1%。

2. 单一品种仓位总计不超过资本总额的 4%。

3. 高度相关的产品，总仓位不超过资本总额的 6%。

4. 所有仓位总计不超过资本总额的 12%。

看过以上甚至更多投资大师的总结、听过足够多交易高手的演讲后，你就会发现，他们交易的风格、方法可能千差万别，但是对于资金的管理永远是必不可少的一部分。合理的资金管理有两个目标：

1.生存——避免破产风险。

2.巨大利润——产生几何级数增加的利润。

投资者能够立足生存以及取得巨大利润的真正秘诀是合理的资金管理及科学的仓位布局，而不是交易方法。方法的积极预期只能够提供交易优势，而良好的资金管理会扩大这种优势。全仓进全仓出是风险极高且毫无投资技巧的操作策略。相反，分仓操作则是更为理智和科学的投资策略，它并不需要预测股票价格的涨跌，而是根据股价的实际变动情况灵活调整投资决策，力求在各种市场环境下都能获得稳定的投资回报。因此，无论是初级投资者还是有经验的投资者，在股市投资时都应当深入理解和掌握分仓操作的策略和技巧，使得自己的投资行为更为理性和科学，以获得较好的投资效果。

第二章

神奇的"稳赢"金字塔建仓模型

正是因为资金及仓位的管理如此重要，甚至可以说直接决定了投资的成功或失败，我们更要谨慎地对待每一次交易的决策，学习科学、系统的建仓方法，让每一次出手都立于不败之地。对于个体投资者来说，在市场中，我们决定股票的买卖，并非简单地跟风顺势，而需要有策略地累积头寸和盘算风险，那么如何才能做到安全地盈利呢？

本章就将为各位投资者重点介绍一套独特的"稳赢"金字塔建仓模型。不同于常规的在股价上涨中逐步加仓的正金字塔，也不同于只是简单的越跌越买的倒金字塔，其要义在于充分利用市场的波动性，将股市的下跌阶段转变为累积头寸的机会，而下跌中累积头寸的关键在于如何用最少的资金将持仓成本拉到最合适的位置。很多股民会陷入盲目摊平成本的误区，觉得只要不断地投入，成本拉得越低越好。但实际上，大多数情况下还未等到股价回升，子弹就已经打光了。因此，利用这种策略的核心是找到投入资金与拉低成本线之间的平衡，而这个平衡就是要结合股价的具体位置及图形走势的分析，使成本线处于股价回升的最大可能性之内，这样才能在起跳前完成深蹲，做好防守反击。

这就需要通过对于建仓位置、建仓数量、建仓间隔的合理布局，找到持仓成本线的最优位置。虽然每只股票涨跌状况不一，但寻找建仓成本最优点的底层逻辑与算法是一致的，因此本章着重探讨搭建此模型的思路与方法。

任何决策都意味着需要承担一定的风险，有智慧的投资者不会执着于寻找 100% 获利的方法，而是去研究如何通过最小的成本，承担最小的风险，撬动最大的利润。如果每次交易都能让自己处于进可攻、退可守的最佳位置，那么在长期的投资中一定是稳赚不赔。如果投资者没有这样的思维与意识，那么交易对于他们而言无异于赌博。

接下来就让我们一起从此模型能够解决的问题，搭建的要点及相关变量的深度解析来揭开它的神秘面纱。这不仅能够帮你完善资金与仓位管理的体系，而且将让你掌握持续稳定盈利的秘诀，在投资之路上更加从容理性，避免因情绪影响而造成不必要的损失。

第一节　关于建仓的关键问题

投资者都想要买得低卖得高，但是，一味追求低买高卖就是股市盈利的唯一法则吗？不是。反而很多股民由此陷入了一个又一个"投资误区"，付出了大量的时间精力，却无法在市场收获稳定的盈利，甚至连本金都输了进去。每一个投资者在建仓之前都应先思考几个核心的关键问题，以防误入歧途。

一、"底"是一个点还是一个面？

许多投资者在决定进场、建立仓位时，一定都会有一些疑问：如何精确判断股票价格的低点？如何预估底部的位置？我能否尽可能买在最低点？如果我买进以后，股市价格继续创新低，那应该怎么办？

首先，我们要明白对于底部的判断并非一时一刻就可以完成的，它需要我们运用技术分析的相关知识，对股市的价格波动建立一定的认识。并且，底部区域的判断方法不止一种，我们需要结合多维度的评估，才能够对底部区域有更清晰且全面的认识。

但各位投资者一定要注意，我们判断底部区域并不是为了一定要在最低点买入股票，我们的目的是，只要你的仓位在底部区域范围之内，那么即便价格还会继续下降，你也已经做出了最有利于你的决策。因为你并非在追求精准抄底，而是寻找相对低位，用较低的价格买入股票，以实现后续的盈利。

接下来，我们要解决一个很重要的问题，那就是股市价格的底部区域是不是唯一确定的？答案可能会让你有些意外——不是。对于一只股票而言，底部区域不是唯一确定的，而是一个最大可能性的区间，也就是说，底可能是一个点，也可能是一个面。如果某只股票在达到通过技术分析预判的某一价格就立即触底反弹了，那此时底部就只是一个点；

但若股价下穿了这个位置仍未止跌，那么此时底部区域就是一个面。底部区域的形成是股价在多重因素影响下的结果，股价走势的轨迹并不是一成不变的，所以我们几乎不可能精确预估股票价格会跌到何种程度、会下跌多长时间。我们在建仓时需要做的，就是找出这个最大可能性的底部区域，并在这个区域内建立仓位。

因此，我们在建仓过程中去判断底部区域，并非一定要寻求精准抄底。而是要找到一个区间，在这个区间内建立稳健的仓位，为后续的上涨或下跌都做好充足的准备，这才是我们应该追求的重点。

以特斯拉（股票代码：TSLA）为例，我们通过一定的技术分析（后文会详细解析）判断它的关键位置就在218左右，在2023年8月18日股价打到218美元时出现了急速下跌后的快速反弹，这种情况下，218美元就可以被视为一个"点"，因为它标志着股价的短期底部，并迅速触发了反弹。

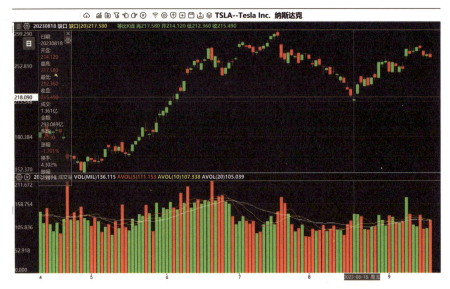

图 2.1.1　特斯拉 2023 年 8 月 18 日前后走势图

然而，如果股价在下破218后并无任何止跌迹象，继续下行，那么这个区域则可以被视为一个"面"。在这种情况下，投资者需要更长时间来确认支撑的有效性，寻找下一个止跌目标位，并可能需要忍受较长时间的波动和潜在的亏损。

但无论是面对一个点还是一个面，投资者都需要结合仓位管理来建立最优的建仓策略。对于大资金量的股民来说，这一点尤为重要。

一个健康的投资策略应该是：在买入后，如果市场出现小幅反弹，投资者就能够解套或实现盈利，为后续操作做好准备。这就要求投资者在市场波动中积累股票，通过购买更多的股票来降低平均成本。这样，一旦市场稍有回升，投资者就能迅速回本，如果股价能够摆脱底部区域，还将获取巨大的盈利空间，这便是本书所讲的金字塔式建仓策略。它的核心在于利用市场的波动性，在下跌过程中累积股票。这种策略有助于投资者克服情绪冲动，理性分析市场变化，从而做出更明智的投资决策。

总之，股市投资中的"底"可以是一个点，也可以是一个面。投资者需要根据市场情况和个人风险承受能力，结合仓位管理和最优建仓策略来应对市场的不确定性。通过理性分析和策略执行，投资者可以大大提高在股市中获得成功的可能性。

如何做到出手制胜？

在投资者的投资决策过程中，往往在遇到买点时会出现一个极为重要且困难的抉择：买或不买？这时就会出现两种典型的心态：

买进，怕它会跌，马上被套；不买，又怕它会涨，导致踏空。

这种选择困扰不仅会让投资决策过程变得十分痛苦，甚至可能由于恐惧或贪婪，很容易做出错误的买卖决策。

此时我们应该清楚，做股票盈利与否，不是看一买就涨的次数有多少，每次盈利幅度有多大，而是看你承担风险、抵御下跌的能力有多强。因为股市永远都不缺机会，不论遭遇多大的下跌，只要你还有本金，就永远都有翻盘的机会。相反，如果你的本金都输光了，不论市场出现多大的牛市都和你没有关系了。因此我们就能理解巴菲特的三条投资箴言：

第一，注意规避风险，保住本金。

第二，注意规避风险，保住本金。

第三，记住前两点。

毋庸置疑，保证本金安全是做每一笔交易的第一要义，但是每一次的交易结果都不是绝对的，没有人能做到只赚不赔。但是通过拉长时间周期，在投资中我们是可以做到"稳赚不赔"的，而且是每一个从事投资的人都必须做到的，它依靠的就是科学的分仓系统。做股票如果没有"稳赚不赔"的投资策略，那么就无异于赌博。投资者不应把盈利的机会寄托在未来的上涨，而是不论股票上涨下跌，都应提前做好预案，通过仓位控制始终让自己立于风险最小、盈利机会最大的位置。

这就需要我们对于买入后的所有可能结果进行深入分析。假设我们在某点位已经进行第一次建仓，那就会面临三种走势结果：

第一种，股价上涨。

第二种，股价横盘。

第三种，股价继续下跌。

遇到第一种情况，我们已经实现盈利，只需考虑如何出局的问题。遇到第二种情况时，股价往往在很小的空间内来回震荡，此时需要耐心等待，观察后市方向选择。至于资金并无明显亏损或盈利，如果不愿付出时间精力，也可以及时出局选择其他标的。遇到第三种情况时，我们投入的资金已经遭遇了一定的损失，如果果断割肉，那么亏损就成定局，不论是多是少对于本金都是一种损耗；如果不愿意割肉出局，只是静心等待，或许可以迎来股价回升，但在此之前很可能会承受股价继续下挫，越套越深，甚至无法回本的风险。如果以上两种都不是你的理想选择，那么只有第三种，通过在股价继续下跌过程中加仓的方式平均成本，从而使得股价反弹时更容易达到盈利，可以利用股市的波动性择机回本出局，也可以继续享受扭亏为盈后的获利。当然这种方式的前提是：第一，首次买入不是全仓介入，仍有足够的资金；第二，初次买进的位置处于底部区间或者是自己的资金量能够覆盖到的下跌空间之内；第三，加仓点为合适的位置，以达到最优的摊平成本效果。当然，以上三点的具体判断及实操方法后文都会重点详细说明。有了这个前提，我们在面对唯一会出现亏损风险的第三种走势时做到防患于未然，通过科学的分仓预案将其风险降至最低，而且拥有危机自救的能力，从而保全本金。因此，本书的重点就是针对投资中可能面临的第三种走势结果搭建科学的建仓模型，让风险最小化，从而实现每一次交易出手即制胜。

全仓交易与分仓交易收益差距有多大？

除了能降低风险，保住本金，通过分仓操作后能获得的可盈利空间也会大幅提升。大部分投资者会忽视仓位控制在一笔投资的盈利中可以发挥的作用，接下来，让我们进行一次简单的计算，更直观地感受一下全仓操作和分仓操作的结果差异。

假设我们的初始投资为10万元，我们可以将其全部用来购买某股票，或者将其分三次购买。

例如，某股票的购买价格为 10 元。全仓操作是将全部资金用来买入 1 万股，花费就是全部的 10 万元。而分仓操作则是将资金分为几部分进行投入，例如首先用 2.5 万元买入 2500 股，然后如果遇到股票价格下跌到 9 元 / 股时，再投入 2.5 万元购买 2778 股，最后股票价格继续下跌至 8 元 / 股时，再次投入 5 万元买入 6250 股。通过这种方式，在股票价格下跌的过程中逐步建立仓位，降低了投资的成本价格。

两种策略的对比如下：

表 2.1.1　全仓操作与分仓操作的方案对比

操作	股价	全仓操作策略	分仓操作策略
初始买入	10 元 / 股	买入 10000 股（投入 10 万元）	第一次买入：2500 股（投入 2.5 万元）
股价下跌	9 元 / 股		第二次买入：2778 股（投入 2.5 万元）
股价继续下跌	8 元 / 股		第三次买入：6250 股（投入 5 万元）

假设股票从 8 元开始回升，攀升到 10.3 元 / 股，我们来计算一下这两种策略的盈利情况。

首先，对于全仓操作策略，由于买入价格是 10 元 / 股，所以每股获利 0.3 元，总计获利 3000 元。

然后是第二种分仓购买的策略，我总共购买了一定数目的股票，现在股票价格为 10.3 元。这样，我的盈利为：10.3 元 × 股票总数 − 总投资额。也就是 $10.3 \times (2500 + 2778 + 6250) - (25000 + 25000 + 50000) = 18738$（元），相比于全仓操作的 3000 元，获利显著提高。

通过这个简单的举例和计算，我们发现，在股价涨跌相同的投资条件下，当股票价格回升到 10.3 元时，通过分仓操作，我的盈利比全仓购买多出了 5 倍。

表 2.1.2 全仓操作与分仓操作方案的盈利结果对比

策略	股数	成本（万元）	反弹价位	反弹空间	盈利（元）
单次买进	10000	10	10.3	28.7%	3000
分仓买进	11528	10			18738

而且，更关键的是，在这个案例中，我们假设最终股价可以回升到第一次买入价格之上，即使是全仓操作也微有盈利，而现实情况中，很可能股价在下跌 20% 之后，并不能完全收复，那么全仓交易的结果必然会亏损。再看分仓交易的结果，经过三次分批买入，此时持仓成本价大概是 8.67 元，也就意味着股价从 8 元的位置反弹 8.4%，就可以实现回本，所承担的风险大大降低。因此，这就是分仓操作的意义所在：股票下跌中不再只能被动等待，也可以主动出击，通过分仓降低成本，减小风险。而且，要知道一只股票下跌过程中很少是直线降落，多数会伴随着反弹，如果能结合技术分析在关键的位置分仓，那么只要有小幅回升便能回本，我们就可以清仓出局。这样在面对下跌时的主动性和抗风险能力就大大加强了，至少本金可以安全撤出。而如果股票价格能继续回升，那么盈利就会大大增加，是全仓操作的 6 倍以上。

以上案例仅为简单的举例参考，还没有用到具体的分仓策略。各位投资者此时也可以思考一下，如果我们利用本书后文论证的金字塔建仓公式找到了更合适的分仓方案，对每次分仓的位置和数量进行优化，盈利的结果会不会呈现出更大的差异？这个问题先留给各位投资者，相信阅读完本书，大家心里一定会有一个确切的答案。

通过以上案例我们就可以很直观地感受到，全仓操作在市场波动较大时，不仅盈利效果一般，而且抵御风险的作用十分有限。对于全仓操作而言，由于一次性将全部资金投入，当股票价格下跌时会面临非常大的损失。此外，一旦市场环境发生变化，全仓操作很容易受到较大的影响。例如，如果市场突然下跌或者有其他负面消息发布，这会导致投资者产生心理恐慌，甚至可能做出冲动的决策，导致更严重的损失。同时，由于全仓操作没有额外的资金进行调仓或者布局其他投资机会，其灵活性较低。这意味着在面对市场变动时，投资者将难以及时调整仓位比重以适应新的市场条件。因此，全仓操作虽然在某些情况下可能会带来较高的短期回报，但从长远来看，它增加了投资的风险，限制了应对市场波动的能力。

然而，分仓操作就避免了这些问题。首先，分仓操作在股票价格下跌时可以反复布局，逐步降低买入的成本价格，这对于控制风险非常有利。其次，分仓操作完全可以适应股票价格的波动，因为它可以随着价格的变动不断增减头寸，这样一来，只要股票有一定的波动空间，就可以获得盈利机会。另外，分仓操作总是有剩余的资金可以用来调整持仓成本，使得投资决策更为灵活。

了解了以上信息，金字塔建仓模型的重要性就凸显出来，它能够以高度科学和系统化的方式解决投资者在面临买点抉择时的困扰，投资者可以理性地应对市场的不确定性，减少对于市场未知变化的担忧，将贪婪和恐惧转化为对投资策略的自信。因为我们通过构建金字塔建仓模型，能够将每一种可能的情况都考虑在内。相比于一头栽进市场、殷切期待一夜暴富的短线投机者，使用金字塔建仓模型的投资者更能从容面对市场的起伏，因为他们知道如何建仓，不仅不用担心"踏空"，而且还能确保在市场的涨落中保全本金，把握好风险和收益之间的平衡，实现稳健的盈利。

我们前面已经谈到了，这套资金及仓位管理策略，就是用来应对股市中的各种意外情况的。你需要一个这样的资金管理系统就如同一辆跑车需要有刹车系统一样，一辆跑车无论速度能达到多快，如果没有刹车，那么一旦发生事故，所有的一切都会化为泡影。同样的，你通过投资积累的财富，如果不懂得如何有效管理和运用，也可能瞬间烟消云散。

投资市场的复杂性、波动性也许是所有投资者最深刻的体会，但这并不意味着投资就像赌博一样，难以掌握和理解。通过应用金字塔建仓模型，投资者可以通过策略规划、仓位管理、逐步积累，最终实现财富的持续增值。将投资转变为一门科学，无论市场如何变动，投资者都能始终保持冷静和从容。金字塔建仓模型让投资成为一场理性、有规则、可控的游戏。

持仓成本越低越好吗？

上文的案例中，我们是假设股价从初始买入的 10 元跌到 8 元之后，可以再次回升到初始买入成本价之上——10.3 元，因此不论全仓买进还是分仓买进都是有盈利的。而实际上，从最低价 8 元涨回到 10.3 元需要反弹 28.7% 的空间，对于大多数股票来说是有难度的。而一旦回不到这个价格，全仓交易就面临亏损，所以我们就需要思考，假如股价下跌后的反弹幅度缩小，该如何保证资金安全？

我们不妨将几次分仓操作所达到的效果展示出来详细看一看。

表 2.1.3　分仓操作的方案表

操作	股价	分仓操作策略	持仓成本	回本所需空间
初始买入	10 元／股	第一次买入：2500 股（投入 2.5 万元）	10 元	
股价下跌	9 元／股	第二次买入：2778 股（投入 2.5 万元）	9.47 元	
股价继续下跌	8 元／股	第三次买入：6250 股（投入 5 万元）	8.67 元	8.4%

我们可以看到，随着股价下跌，每次加仓后持仓成本都有所下降，第二次加仓后的成本到了 8.67 元，也就意味着股价只需反弹 8.4% 即可实现回本，与股价需要上涨 20% 甚至更多相比，难度明显降低。这也是分仓操作的意义所在。

这时，我们就需要思考一个问题，在摊平成本时，持仓成本是越低越好吗？自不必说成本越低，回本难度越小，但同时所需要投入的资金量也会更大，承担的本金风险也会更大，这时就会出现多数股民容易陷入的一个误区——过度交易。

在金融投资领域，过度交易是一个普遍存在的现象，它对所有投资者来说都是一个必须竭力避免的陷阱。过度交易指的是根本没有或者无法按照原定的交易计划进行操作，任性随意地买卖股票，导致盈利或亏损结果与资金投入的比例偏离合理的范围。这种行为看似是在积极交易，实际上是对投资规则的一种违背，给投资者带来极大的损害。

过度交易的根本原因是什么呢？

过度交易通常缘于投资者试图逃避痛苦和不愉快的情绪。这种逃避行为可能由多种因素触发，包括亏损、对交易结果的高期望以及市场波动带来的压力。当投资者遇到连续的止损或收益曲线下降时，他们可能会出于本能反应，采取非理性的交易行为，试图迅速扭转局面。此外，对单次交易结果的过分关注和期望，而非注重长期投资目标，也可能导致投资者在面对不利情况时，更容易产生过度交易的冲动。因此，识别和控制这些触发过度交易的情绪和行为，对于避免非理性交易至关重要。

那么，如何避免过度交易呢？

其实，答案很简单，那就是严格按照预定的交易计划行事。只有这样，投资者才能在市场的洪流中保持冷静，坚持自己的投资理念，做出理智的决策。当投资者的行为受到交易计划的指引和保护，他们才能不被市场的风云变幻所左右。他们的投资行为也会变得更专业，更有理性，这样，他们就有了更大的胜算。

在避免过度交易的问题上，我们可以借用"金字塔建仓模型"，这个模型将帮助投资者更科学地配置资金，实现资金的最优化利用。金字塔建仓模型的核心在于，投资者需要根据自己的具体情况，科学地解析和确定最适合自己的比例。这个比例涉及你想投资的某只股票的股价，它的下跌空间大小，你上一次买入该只股票距今有多远，以及你接下来应该买入的数量等诸多因素。通过这些因素的最优配比，逐步增加仓位，就可以最大限度地保证资金安全，并博取更大的投资效益。

总之，过度交易是投资者在金融市场中必须避免的一个陷阱。通过严格遵守交易计划，运用金字塔建仓模型等科学的方法，投资者可以更好地管理自己的资金和仓位，实现理想的投资收益。同时，投资者还应该学会控制自己的情绪，避免因为情绪波动而做出非理性的决策，从而在金融市场中取得成功。

第二节　构建金字塔建仓模型要点

面对下跌的市场，投资者都希望能够在触底之时进场，以期待收获市场反弹甚至反转带来的盈利。然而，真正的市场走势并没有那么容易被预测，也没有人能够准确地把握市场的底部。不少投资者在市场下跌的过程中选择进场，却因判断错误或选择不当导致了亏损。因此，投资者需要做好完备的计划和策略，以便在市场下跌中仍然占据主动权，最大化地降低风险，有效避免由于市场波动带来的损失。

在这里，我们不妨参考一下主力在底部区域常用的一种布局手法，对于大资金投资者使用分仓策略来说会有很多启发。

在股票市场中，"主力"通常指的是那些拥有较大资金实力和市场影响力的投资者或机构，他们的行为往往能够对股价产生显著的影响。图 2.2.1 中描述的"主力的盈利模式"显示了一种典型的市场操作策略，即在股价底部区域建仓，随后通过反弹获利并砸盘，再次抄底的循环过程。下面将详细阐述这一逻辑，并结合实际案例进行说明。

主力在建仓前会对市场进行深入的调研和分析，寻找那些被市场低

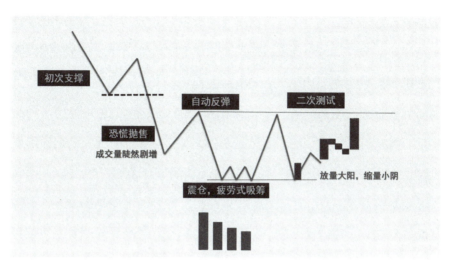

图 2.2.1 主力建仓手法示意图

估但具有良好基本面的股票。这包括对公司的财务状况、行业地位、未来增长潜力等多方面因素的综合评估。

在确认目标股票后，主力会密切关注股票的价格走势，当一只股票经历了一段时间的下跌后，下跌的动能开始减弱，这通常意味着卖方的压力正在减少，此时，成交量也会相应减少，表明市场上愿意以更低价格卖出的卖家正在减少。当股价下跌至主力比较认可的价位以下，此时主力会进行首次介入，不论是老主力出货后的第二次建仓，还是新主力入场，都会打个提前量，即在见大底以前开始收集筹码。此时，股票价格在下跌过程中遇到初次支撑，这是潜在的买家开始进场的区域。这一阶段的特点是成交量逐渐放大，但股价上涨并不明显，因为主力不希望引起市场的过度关注。主力会观察这一价格区域的反应，判断是否有其他市场参与者也在关注这只股票。

在初次支撑出现后，股价往往会出现上涨，这可能是市场自然反应的结果，也可能是主力开始悄悄建仓的迹象。然后主力会用手中的筹码打压股价，待股价不断创出新低、人心涣散时，再配合以利空传闻，使得散户们忍不住纷纷割肉，出现恐慌性抛售，此时主力就收割了大量筹码。

当股价经过急跌之后，可能会出现一定的回升，但这往往是市场的自动反弹并不是拉升开始。虽然主力在此时已经实现盈利，但远远不及他的预期。因此，主力会继续打压股价，创出新低，当下跌至合适的区间，伴随着量能逐渐缩小，意味着市场中的大部分筹码已经抛出，这时主力会使股价在一个窄幅区间内上下震荡，也叫疲劳式吸筹——通过长时间的价格横盘或小幅波动来消磨持股者的耐心，促使他们在低价位卖出股票，主力则在这一过程中逐步吸纳筹码。底部历时越长，庄家收集到的筹码就越多。

经过多次吸筹后，主力的持仓成本已经到了非常低的位置，这时主力会试探性地拉升股价，对前期的高点或箱体形成突破。但是，这并不是真正要开始拉升的信号，而是主力在决心拉升之前的二次测试：如果此时跟风盘较多，很可能会进入新一轮震仓吸筹；反之，主力则开始逐步拉升，真正开始进入主升，收获利润。

选择这种手法建仓的庄家一般有较雄厚的资金，保密工作也做得好。否则打压时被别人接盘而前功尽弃。个股还要有潜在的题材，然后选择大市不断下跌的调整市道或个股有重大利空消息时介入，这样更可以事半功倍。

由此可见，资金体量较大的主力一定会在相对低位选择分仓介入，在股价下跌过程中逐步吸筹，使持仓成本逐步下移，股价一旦出现小幅反弹，便可实现盈利。只不过主力与散户的不同点在于，他并不是为了给第一笔仓位解套，而是为了布局主升浪，收割更多的利润。

那么对于个体投资者来讲，如何借鉴这样的操盘思路，不论是左侧交易提前布局，还是一时大意，在相对低位买入太早被套牢，都能有一套最优的方案，保证安全甚至扭亏为盈呢？

当股价见到高点回落一段时间后，我们如果通过相关技术分析预判到某个位置就是底部区间，此时就应该开始布局。但是怎么买，买多少，万一买了之后股价继续跌怎么办，如果想加仓该在什么位置进行第二次、第三次买入，买多少是比较合理的？这就需要我们进行以下几个核心思考：第一，首次建仓我该在哪里买，买多少？第二，我准备买几次？这个是根据你对底部区域的判断来决定的。第三，还有一个很重要的决定因素——资金量。在已知的底部区域中，我的资金能够承担几次建仓，如果建仓次数划分不同，所需的资金量自然也不同，哪种达到的效果最好？最适合我？第四，你的心理承受能力，虽然理论上遇到下跌时使用这样的方式可以最大程度减少风险，但是面对浮亏的账户，你是否还能冷静判断，果断执行，这考验的是投资者的心理素质。

总结以上核心问题：

1. 扳机点的问题：第一次建仓应该在什么价位介入？

2. 底部区域的宽度及心理承受能力：依据分析判断，在介入点之后股价还有多大幅度的下跌空间，这个幅度是否在我的心理承受范围以内？

3. 建仓次数：在这个底部区域范围内，预计需要建仓几次？

4. 资金量及资金分配比例：我的资金量能否支撑这样的多次建仓，每次建仓的资金该怎样分配？应是怎样的比例关系？

以上几个问题，是我们构建金字塔建仓模型的关键，缺一不可，这些都需要结合相关技术分析的知识和经验去判断，以实现最佳的投资效果。同时，在我们建立起自己的投资模型后，需要从始至终都保持清醒的头脑和冷静的判断。这些关键点无疑对资金及仓位管理的精细程度提出了更高的要求，因此，只有根据自身的实际情况和承受力，构建出适合自己的投资模型，才能确保在复杂的股市环境中实现风险最小化。

第三节　金字塔建仓模型深入解析

通过前文的思考，我们可以提炼出搭建金字塔建仓模型的几个关键点，包括扳机点的判断、底部区域的宽度、建仓次数、建仓间隔、初始建仓和后续加仓数量等等，都是决定这个模型能否成功运行的重要因素。每一部分都在构建金字塔建仓模型的过程中起着非常关键，甚至决定性的作用，而且他们之间有着紧密的关联性。如何平衡各个影响因素之间的关系，找到最优的建仓平衡点，是搭建建仓模型的关键，就能让我们用最少的建仓资金，承受最小的风险，同时撬动最大的盈利空间。

首先，最关键的是扳机点的确定，不是任意一个买入点都能作为建仓的扳机点，**而是通过技术分析买卖法则找到的关键点。没有这一点，后续的一切都无从谈起**，因此这一点是重中之重，我们后面会花很大篇幅来阐述扳机点的判断方法。

其次，确认扳机点的同时就要预判如果股价不能马上上涨，有继续下跌的可能，那么继续向下的目标位在哪，这个区间有多大？如果还有这么大的下跌空间，需要如何操作才能保证安全？这就涉及对于底部区间的细分，假设下跌空间有 20%，我们可以在下跌到 20% 时加仓一次，那么总共就需要建仓两次。但是考虑到有可能还未跌到加仓目标位股价就出现反弹，我们就可以每隔 10% 建仓一次，那么总共就需要建仓 3 次。那么两种方案所需资金量是不同的，选择哪一种取决于我们对自己资金量的评估以及对股价最大可能的下跌空间的预判（后文关于底部区域的判断中会详细讲解）。

不论选择哪种分仓方案，我们要明确的是分仓操作需要达到的目的。因为在建仓之初我们规划的建仓方案是为了尽可能应对所有可能出现的结果，但实际股价运行中，很可能在计划的底部区域中途就出现向上拐头的情况，那么我们需要保证的是只要中间出现小幅波动，我们前面的入场资金就能立刻实现解套。

那么怎样定义"小幅波动"？它应该是股票下跌中非常容易实现的反弹幅度，比如 3%、4%，对于活跃一些的股票可能是 5%，因为大部分股票在筑底时都是震荡下行，大概率会伴随着一些反弹，而每一次反弹带给我们的都是回本或盈利的机会。**因此，每次加仓操作后，只要股票出现了预定的小幅反弹，我们就已经获得了主动权，可以选择保本出局或继续等待盈利，这就是设定建仓模型和方案的核心目的。**而这个反弹幅度就取决于我们的**回本预期**（假如首次建仓后股价下跌、资金被套，那么随后股价出现多大幅度的反弹即能实现回本对你来说是满意的），这个义跟每个人的风险偏好程度有关。比如，比较保守一点的投资者，可能对于回本的效果要求比较严苛，需要出现非常小的反弹（如 2%~3%）就能回本，那么要建立这样的模型自然对于资金量的要求也会更高；相对的，如果一个投资者风险承受能力较强，可以接受当股价出现至少 3%，甚至 4% 或 5% 的反弹程度才能实现完全回本，那么构建这样的模型需要的资金量相对也低一些。

因此，在每次选择开仓前，我们要提前将有可能面临的下跌区间的建仓方案设计出来，计算出几次建仓总共需要的资金，再用自己的资金量来评估是不是在可以承受的范围之内：如果是完全可以覆盖的，那么在扳机点就可以果断开仓；如果超出预算，那么就不要盲目开仓，以防遇到不可控的风险情况。我们经常讲的"君子不立危墙之下"就是这个道理。很多股民的交易往往是贸贸然买进，诚惶诚恐地祈祷上涨，一旦遇到下跌，就变得手足无措，没有任何预案和规划，因此长期下来，小赚大赔自然不足为奇。

那么当执行了一次或两次加仓操作后，如果股价仍然在预判的底部区域内，并出现了预定的反弹空间，已经实现回本，那么此时该怎样决策呢？假如此时我们对这只股票的判断是风险较大，那么就可以果断选择保本出局；假如认为股票的潜力比较大，那么就可以继续持股。股价持续上升，那么便进入了盈利阶段；股价短暂反弹后又开始下跌，那么就继续执行最初的建仓方案，继续压低成本，等待探底回升。

如果执行了预设的全部加仓操作，股价已经跌破了预判的底部区域，继续下跌，那么此时就要执行止损。此时由于经过前面几次的加仓操作，持仓成本已经处于比较低的位置（因为要保证我们预设的回本预期），因此即使是止损出局，所需承担的亏损也是在我们设定的回本预期幅度（如前文所讲 3%~5%）附近，有效避免了大幅亏损。

接下来就进入到一个重要的环节，如何制定此建仓模型才能实现以上目标，达到最优的建仓效果？

通过以上讨论，我们知道扳机点、底部区域宽度、回本预期都是可以提前确认的变量，选定一只股票之后就能找到确认的值。随后我们需要根据股票的实际情况和资金量对于底部区间进行划分，找到建仓跨度，也就是每下跌多少去加仓一次。随后是最关键的一步，为了完成每次加仓后反弹幅度一旦达到回本预期即可回本或盈利，我们就需要确认后续加仓的数量。它与上一次加仓数量之间的**比例关系**就是找到建仓模型最优平衡点的关键：如果比例太大，比如首次建仓买入 100 股，第二次加仓买入 1000 股，虽然持仓成本会明显降低，但是所需资金量太大，会陷入"过度投资"的误区；如果比例太小，比如第二次加仓买入 150 股，虽然持仓成本也有降低，但是达不到小幅反弹即可回本或盈利的效果，会陷入回本距离越来越远的误区。因此，对建仓比例的探讨是搭建金字塔建仓模型的关键。

通过以上深入解析，我们对于模型中所涉及变量以及其中的关系就有了一定的了解，领悟和掌握这些关键点，就是构建出属于自己的最优建仓模型的前提。那么接下来，我们将针对以上金字塔建仓模型的构建要素，一一进行详细分析和讲解。

一、首次建仓位置的思考——扳机点

何为扳机点？

若要进行金字塔建仓，第一次介入的位置十分关键，我们称之为"扳机点"。扳机点可以说是非常形象的一个概念，如同你射击时的动作一样，首次出手就像你瞄准目标后扣动扳机，那一刻就是你的扳机点，也就是首次建仓的位置。然而，扳机点并非随意设定，是建立在全面的技术分析的基础上，在关键点的建仓。你认为存在底部机会时，方可扣动扳机。扳机点十分重要，在这个模型中我们讨论的是底部区间的金字塔建仓模型，因此为底部的扳机点即首次买入点。股价上涨到高位出现见顶信号，同样也会产生顶部区间的扳机点即首次卖出点，当理解了本文论述的金字塔模型后也可以同理利用倒金字塔模型搭建在顶部区间的出货方案。

但是很多投资者在首次"扣动扳机"时，瞄准的点并不能保证100%准确，那么我们首次建仓也无法保证绝对的准确，所以，如何来应对这种不确定性呢？实际上，我们并不会在首次建仓时就把所有"子弹"，也就是资金一次性全部用完，而是留有余地、保存"余弹"，用于补救或者进一步操作。这样，即使首次建仓未能完全准确，我们也能有后续机会，通过多次建仓来修正和优化，从而达到我们预期的理想结果。

可见，扳机点的判断，对于金字塔建仓的策略来说，其重要性不言而喻。如果初始买入点选择在股票的最高点，那么无论如何加仓，也无法达到此策略的预期效果。扳机点的判断需要我们有良好的分析能力，提前做好策略规划和应对方案，这样，即使遇到不确定的市场环境，我们也能从容应对，灵活运筹，最终实现理想的投资收益。

扳机点的判断方式

扳机点的判断是建仓过程中的一个重要环节，它涉及投资者是否在合适的时机进行买进或卖出。如果能找到合适的扳机点，就能更有效地投资。

对于如何判断扳机点，我们在清楚其概念的基础上，我们要知道其主要判断方法就是通过技术分析来找到这个点。如果你正在学习相关的专业课程或者阅读有关的技术分析书籍，那么实际上，这些资料都是在为你提供确定扳机点的方法。

在此，我们必须强调一点，判断扳机点的方式并非只有一种，在判断扳机点的过程中，我们需要同时结合多种技术分析工具从不同维度去分析。这些工具包括但不限于技术图形、技术指标、趋势分析等。每种工具都有其独特的判断标准，因此，我们需要灵活运用，相互印证，才能更精确地判断扳机点。

当投资者明白了扳机点的定义和重要性后，可以根据自己的习惯和常用的技术分析方法，去做出综合性的判断。扳机点的判断需要投资者有深厚的技术分析基础，同时也需要灵活运用和实际经验的积累。扳机点的判断无疑是建仓的关键因素之一，希望投资者在实战中不断练习。在接下来的部分，我们将会举例说明几种不同的扳机点的判断方法。

二、扳机点的判断之"管道线"篇

我们来看"管道线理论"判断扳机点的方法。

管道线又称通道线，是股市中分析和预判趋势常用的技术分析方法，管道线是以趋势线为核心，由相互平行的阻力线和支撑线组成的一组直线，简单、明了、实用是它的特点，通过界定股价的波动范围帮助投资者识别潜在的买卖点。在股价运行过程中，下跌的低点总是在支撑线上，上涨的高点也总是在阻力线上，且支撑线和阻力线大致呈平行状态。

管道线的画法

1.确定趋势。首先，需要确定股票价格的整体趋势。这可以通过观察价格图表并绘制趋势线来实现。趋势线应连接一系列的高点（对于上升趋势）或低点（对于下降趋势）。

2.绘制支撑线和阻力线。在确定了趋势后，绘制第一条管道线，即支撑线或阻力线。对于上升趋势，以支撑线连接价格的低点；对于下降趋势，以阻力线连接价格的高点。

3.绘制平行线。使用直尺或图表工具，从趋势线的另一端绘制一条平行线。这条线将作为另一条边界，即阻力线（上升趋势中）或支撑线（下降趋势中）。

4.调整管道线。根据价格的实际波动调整管道线，确保它们与价格的高点和低点大致平行。

"三买一卖"原则

1.碰下轨支撑位置买入：当股价在下降趋势中触及管道线的下边界（支撑线）时，这通常被视为一个潜在的买入点。这是因为支撑线代表了买方力量的集中区域，预期股价会在此反弹。

2.破下轨买入：如果股价跌破下降趋势的下边界（支撑线），这可能表明卖方力量减弱，股价可能会出现反弹。然而，这种策略风险较高，因为需要准确判断趋势是否真正反转。

3.破上轨趋势改变买入：当股价突破下降趋势的上边界（阻力线），这可能意味着趋势的改变。投资者可以在确认突破有效后买入，预期股价将继续上升。

4.碰上轨的压力位卖出：在下降趋势中，当股价触及管道线的上边界（阻力线）时，这通常被视为一个潜在的卖出点。阻力线代表了卖方力量的集中区域，预期股价在此会遇到压力并可能回落。

管道线理论提供了一种简单而实用的方法来识别股票价格的趋势和潜在的转折点。通过遵循"三买一卖"的原则，投资者可以在股价接近管道线的边界时做出更加明智的交易决策。

管道线买卖法如下图 2.3.1 所示。

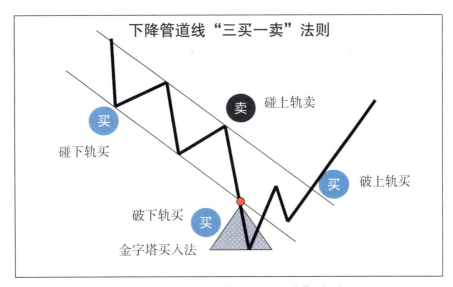

图 2.3.1　下降管道线"三买一卖"法则

我们通过具体示例来解释一下。

首先是我们关注的香港恒生指数。

在 2023 年 7 月 31 日见到一个短期高点后，股价再次进入下降通道，我们以图 2.3.2 中三个圆圈的位置为关键点，利用弘历软件中的下通道助手就可以得到一个完整的管道线。当股价在 2024 年 1 月 22 日再次碰到管道线下轨时，就是一个明确的扳机点，随后开启了一轮上涨。当股价突破上轨后，出现了一个短暂的回踩，而管道线上轨对它形成了有效支撑，股价再次回升，进入到上升趋势。

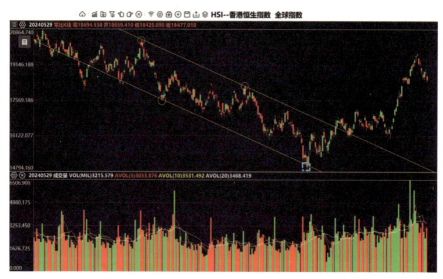

图 2.3.2　香港恒生指数 2023 年 7 月 20 日—2024 年 5 月 29 日走势图

图 2.3.3　上证指数 2023 年 7 月 20 日—2024 年 5 月 17 日走势图

我们再来看上证指数。

从图 2.3.3 中可以看出，同样的，上证指数在 2023 年 7 月 31 日见到短期高点后，进入下降趋势，我们以图中黄圈标出的三个关键点利用弘历软件中下通道助手画出下降通道线，在随后的 2024 年 1 月 22 日和 2024 年 2 月 2 日（两个蓝色方框）都触碰到下轨，都属于管道线理论中的买点。而在第二次的下跌中，股价跌破下轨没有立刻反弹，反而有一个继续下探的动作，那么这个空间就是我们可以利用建仓模型进行加仓的位置，而扳机点就出现在股价达到下降管道线下轨的位置。

另外，我们还可以借助管道线理论来判断整个股票或者市场的强弱状态。同样看上图的上证指数，你会发现图中第一次出现的蓝色方框标注的买点出现后，股价反弹，但是尚未触及上轨就出现了下跌的三根阴线。这证明上攻力量较弱，这一次的上涨只是一个反弹而已。而在第二次出现蓝色方框标记的买点后，股价一路上行，突破上轨，这才是真正的趋势转折的信号，在突破上轨之时，同样也是管道线理论的加仓点。这就是依据下降管道线来判断强弱的方法。

我们对比来看看纳斯达克指数，如图 2.3.4，2023 年纳斯达克指数整体表现是不错的。

同样画一个下降管道线，你会发现，纳斯达克指数从 2023 年 7 月 19 日见到高点后进入下行通道，在随后股价运行的过程中，第一次出现蓝色方框标记的地方，股价触及下通道的下轨，出现短期买点，但股价并未触到下通道线上轨便开始回落。而第二次跌破下轨，形成第二次买入信号之后，股价快速上攻，毫不犹豫地突破上轨，这说明市场的看多力量很强。一旦突破上轨，就进入了强势的上升行情。

因此，管道线不仅能寻找买点和卖点，还能通过走势触碰上轨和下轨的情况来判断市场的强弱。那么当股价触碰到下降通道线的下轨，出现买点之后，我们如何能提前预判这一次上涨大概率会是反弹还是反转呢？也就是股价能否一鼓作气突破下降通道线上轨，进入主升呢？在这里，我们可以结合股价的运动周期——波浪理论，进行进一步判断，如果大概率是一个小反弹，我们就以短线操作为主或者暂且观望，如果出现大概率上攻的反转结构，再考虑介入。这是后文关于"波浪理论篇"会详细讲到的内容。

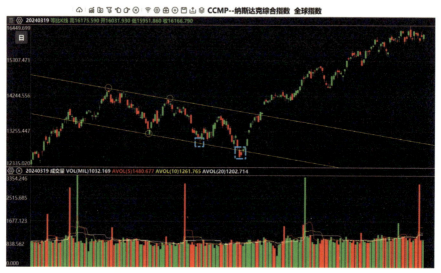

图 2.3.4　纳斯达克指数 2023 年 5 月 17 日—2024 年 3 月 19 日走势图

接下来，我们再以一支个股案例为例来讲解下管道线的实际用法。

以图 2.3.5 特斯拉股票为例，图中该股在 2022 年 8 月 15 日～2023 年 2 月 21 日的走势与我们前面所画出的管道线的走势非常相近。在 2022 年 9 月 21 日见到高点后开始下跌，利用 10 月 14 日与 11 月 1 日见到的短期低点和高点刚好画出一条完美的下行管道线，随后的两次下挫都差一点触碰到下轨，没有形成买点，而在蓝色标记出现的位置股价才碰到下轨，形成了开仓点。那么此时我们就可以结合后文讲到的对于底部区域的判断方法进行建仓方案的预判，首次买入后如果股价直接反弹，开始起涨，那么我们就直接开始盈利。而如果股价像图中出现的，继续下行，那么我们就要进行加仓方案的执行。根据图2.3.5，后续该股果然在跌破下轨筑底之后迎来了可观的涨势，若在"扳机点"处能合理建仓，一定能取得不错的收益。

图 2.3.5　特斯拉走势图

除了"下降管道线"外，对应的还有"上升管道线"。请注意，与下降管道线不同的是，上升管道线重点讨论的是"卖出点"的问题，遵循"一买三卖"的原则，具体的买入和卖出点如图2.3.6所示。

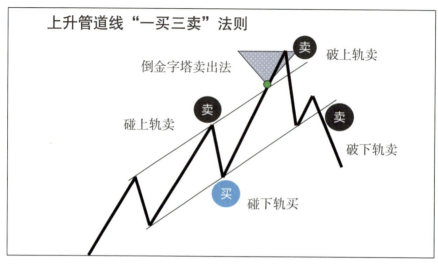

图 2.3.6　上升管道线"一买三卖"法则

在管道线理论中，除了"三买一卖"原则外，还有一个相对应的"三卖一买"原则，主要用于上升趋势中的交易策略。以下是对"三卖一买"原则的详细说明：

"三卖一买"原则

1.碰上轨阻力位置卖出：当股价在上升趋势中触及管道线的上边界（阻力线）时，这通常被视为一个潜在的卖出点。这是因为阻力线代表了卖方力量的集中区域，预期股价在此会遇到压力并可能回落。

2.破上轨卖出：如果股价突破上升趋势的上边界（阻力线），这可能表明买方力量减弱，股价可能会出现回调。在某些情况下，这可以被视为一个卖出信号，尤其是在股价已经大幅上涨之后。

3.破下轨趋势改变卖出：当股价跌破上升趋势的下边界（支撑线），这可能意味着趋势的改变。投资者可以在确认跌破有效后卖出，预期股价将继续下降。

4. 碰下轨支撑位置买入：在上升趋势中，当股价回落至管道线的下边界（支撑线）时，这通常被视为一个潜在的买入点。支撑线代表了买方力量的集中区域，预期股价在此会获得支撑并反弹。

在实际操作中，我们来看具体的股票案例。

图 2.3.7　美团走势图

我们以港交所的美团这只股票为例讲解。其在 2023 年 5 月 31 日首次见到低点后，随后出现了底部抬高、顶部抬高的上升通道，我们以两个低点及中间的高点做出上升管道线，可以看到随后的一次股价触到上轨后开始拐头向下，在第一次蓝色方框标记的位置再次碰到下轨，此时按照管道线理论即为买点。果然股价回弹，出现短期上涨，而这一次上攻的力量明显不足，还未接触到上轨就再次掉头向下。又一次打到下轨时，股价连续跌破，出现破下轨的卖出信号，随后股价果然一路下行，开启下降趋势。

我们简单讨论了如何利用"管道线理论"来做出买入或卖出的决策。在扳机点的判断中，"管道线理论"并不是唯一的定律，各种技术分析方法也都会有它的局限性，但这种方法相对来说还是比较容易掌握，而且无论是保守型还是积极型的投资者，管道线理论都可以根据他们的交易风格和风险偏好进行调整。保守型投资者可能会使用较宽的管道线来捕捉大趋势，而积极型投资者可能会使用较窄的管道线来交易小的价格波动。下面帮投资者列出了更适合使用"管道线理论"的股票类型与市场环境。

1.趋势明显的股票。管道线理论在具有明显上升趋势或下降趋势的股票上最为有效。当股票价格持续高于或低于管道线时，可以清晰地识别趋势的持续性。

2.波动性较大的股票。对于那些价格波动较大的股票，管道线可以提供清晰的价格波动范围，帮助投资者识别潜在的支撑和阻力区域。

3.交易量稳定的市场。管道线理论在交易量相对稳定的市场环境中更为有效。稳定的交易量有助于维持管道线的连续性和可靠性。

4.成熟市场的股票。在成熟市场中，股票价格往往表现出更规律的趋势和波动，这使得管道线能够更好地预测和界定价格的运行区间。

5.非消息驱动的股票。如果股票价格主要受市场趋势影响，而非频繁的消息或事件驱动，管道线理论可以提供较为准确的交易信号。

6.适合中长期交易策略的股票。管道线理论适合那些寻求中长期交易机会的投资者。它可以帮助投资者识别和跟随主要的市场趋势，并在趋势中寻找入场和退出点。

7.适合波段交易的股票。对于那些希望利用价格波动进行波段交易的投资者，管道线理论提供了一种有效的方法来确定价格的短期高点和低点。

通过以上的分析，我们应该认识到无论面对何种走势，分仓买进和卖出都是一种明智的选择，因为只有这样，我们才能在投资股票中实现风险最小化并获取最大的收益。

三、扳机点的判断之"波浪理论"篇

波浪理论，又称艾略特波浪理论，是由拉尔夫·纳尔逊·艾略特在20世纪30年代提出的，用于分析和预测股票市场价格波动的一种理论。它认为市场价格走势呈现出一定的规律性波动，这些波动可以被分解为一系列的"波浪"，每个波浪都有其特定的特征和行为模式。

波浪理论的基本构成

五浪模式：艾略特认为市场价格的变动通常遵循一个五浪模式，包括三个推动浪（1、3、5浪）和两个调整浪（2、4浪）。推动浪与市场的主要趋势方向一致，而调整浪则与市场的主要趋势方向相反。

波浪的细分：每个推动浪和调整浪还可以进一步细分为更小的五浪模式，形成一个更大的波浪结构。这种细分可以无限进行，从而构成一个多层次的波浪体系。

波浪的形态：波浪理论还识别了多种特定的波浪形态，如延伸浪、失败浪、三角形等，这些形态具有特定的预测意义。

波浪理论的用法

1.趋势识别：波浪理论可以帮助投资者识别当前市场的主要趋势，以及趋势可能的持续性和转折点。

2.预测价格目标：通过分析波浪的结构和比例关系，波浪理论可以预测价格的潜在目标位。

3.风险管理：了解波浪的结构可以帮助投资者设定止损点，管理交易风险。

4.交易策略制定：波浪理论可以指导投资者在市场的主要趋势中寻找入场点和退出点。

波浪理论结合了价格走势的模式与结构，并考虑了股价波动的周期性特征。通过分析波浪的结构、层次和斐波那契比例，投资者可以对市场趋势的持续性和转折点进行预测。然而，波浪理论的应用需要深入地理解和实践经验，因为它涉及对市场行为的主观解释。投资者在使用波浪理论时应结合其他分析工具和市场信息，以提高预测的准确性和交易决策的有效性。

我们再来看下面这张图，在前面讲到的下降管道线"三买一卖"法则的基础上，实际只要股价接触到下降管道线下轨，不论其是否进一步下破，这个点都可以视为一个买入点。但如何能够预判股价接下来的上涨是反弹还是反转，如何布局更有潜力的上涨波段？这就需要结合"波浪理论"来理解。

在图2.3.8中，这是一个下降通道中的五浪。根据波浪理论，第5浪常常表现为攻击浪，当第5浪快速下探，接触到下降管道线下轨或者继续跌破，往往是下跌动能即将耗尽的关键区间。因此，当5浪完结之时，

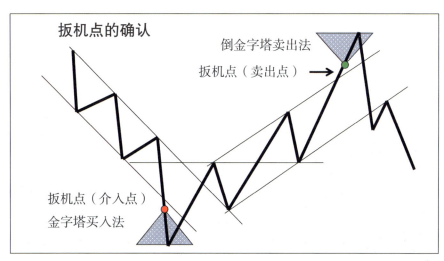

图 2.3.8 管道线理论及波浪理论确认扳机点

它也意味着可能出现的大级别底部反转机会。所以，通过"管道线理论"结合"波浪理论"，就可以更全面地判断后期走势，选择有更大上攻空间的扳机点去布局。

以前文探讨过的特斯拉这只股票为例。如图 2.3.9 所示，这只股票自 2022 年 9 月 21 日见到高点之后，经历了几次反弹和下跌，如果将每次触碰到下降管道线上轨或下轨作为一个波浪的起止点，我们就得到了图中的 5 个浪形走势，在第 5 浪时要特别注意，因为这一次的下探结束后很可能就是下降动能衰竭之后的底部反转。但此时，我们并不能确认此次打到下轨后，是会马上开始起涨还是会继续下探，跌破下轨一段距离后才开始起涨。因此，为了不错过本次盈利机会，并且以最小的风险博取利润，我们就要运用分仓操作的策略。当股价一碰到下轨，出现蓝色方框标记时，就是一个明确的扳机点，我们要介入一部分资金。在入场之前，我们还要根据本次碰到下轨后有可能出现的跌破下轨的情况搭建建仓模型，也就是找到最大可能的下跌空间，以及在这个空间内的分仓方案。

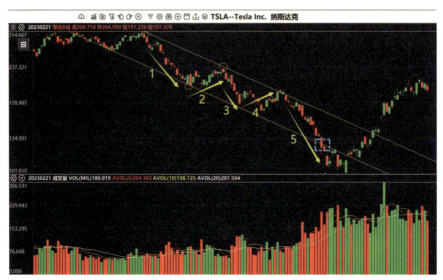

图 2.3.9   特斯拉股票的下跌五浪示意图

假如能够在筑底过程中将建仓成本布局到最优的位置，只要股价开始回升，可能还未进入上升趋势，还未回升到上轨，甚至还没有突破首次买入的价格，就已经实现了盈利，这一轮上涨一定会获益颇丰。

四、扳机点的判断之"TD 结构"篇

TD 结构是由汤姆·狄马克发明的一系列技术分析指标之一，主要用于推算趋势衰竭的时机，识别市场趋势或盘整过程中的潜在转折点，并提供关于买点和卖点的建议。以下是 TD 结构的详细用法说明：

TD 结构的基本概念

TD 买入结构：当连续出现 9 根 K 线，且这些 K 线的收盘价都比各自前面的第 4 根 K 线的收盘价低时，就形成了 TD 买入结构。

TD 卖出结构：当连续出现 9 根 K 线，且这些 K 线的收盘价都比各自前面的第 4 根 K 线的收盘价高时，就形成了 TD 卖出结构。

TD 结构的确定方法

TD 买入结构：包括 TD 买入结构的第一根 K 线在内的连续 6 根 K 线区域，要求至少有 6 根 K 线，其中第 5 根 K 线的收盘价比第一根 K 线的收盘价高，第 6 根 K 线的收盘价比第 2 根 K 线的收盘价低。

TD 卖出结构：与 TD 买入结构相反，形成条件是连续 9 根 K 线收盘价逐根高于前第 4 根 K 线。

TD 序列的计数规则

TD 序列买入计数可以是不连续的，当某些 K 线不满足计数条件时，计数暂时中断。

从 TD 买入结构的第 9 根 K 线起，若依然满足计数规则，增加一个计数，计数最大值为 13。从 9 根 K 线开始后的连续 K 线依然满足 TD 买入结构的计数规则，且最大计数为 13，则形成序列为 13 的 TD 买入结构。

TD 买入结构是在股票连续下跌过程中出现的，所以也称"下降结构"。下降结构是基于"周期"而来，众所周知，无论是个股还是板块均与周期有着密不可分的联系，发现周期即可发现股价运行的秘密。下降结构可用于分析个股或大盘的运行节奏，从而捕捉阶段性低点。下降结构主要用来帮助投资者发现股价运行规律，个股不同其运行规律也不

尽相同，在下降结构图形中的表现也不相同，最常用的就是上文提到的
"49结构"，也就是连续出现9根K线，且这些K线的收盘价都比各
自前面的第4根K线的收盘价低，一旦形成完整的49结构，股价就非
常容易出现周期性的变盘，因此，它常被用来作为判断扳机点的一种方式。

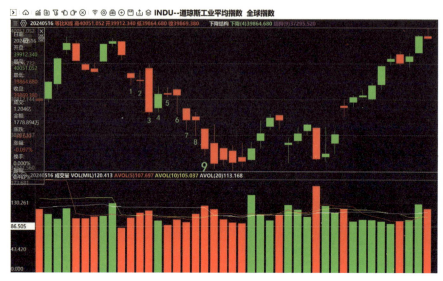

图2.3.10　下降结构确认扳机点

比如，上图中的道琼斯工业指数在2024年4月2日开始连续下挫，
走出了下降结构9，在2024年4月15日确认结束了结构9之后开始
见底回升，出现了连续一个多月的强势上涨。

再以图2.3.11的盖璞股票为例，2022年12月20日出现"下降
结构9"，表现出了下跌的衰竭，那么，这个"结构9"能否作为一个
扳机点呢？

图 2.3.11　下降结构确认扳机点

　　有些情况下，下降结构 9 之后会直接出现上涨，但也有可能继续下跌一段距离。如果结合底部区域判断该位置是一个筑底区间，那么我们就先利用较小的仓位在出现下降结构 9 结束的位置布局，因为经历了完整的结构 9 之后，股价往往已经到了下降过程的强弩之末，非常容易出现波段性的底部反转。因此在结构 9 结束后的次日往往就是一个扳机点，如果此时股价能止跌企稳收出上攻阳线，反转会更加确认。如果未能迅速回升，则可以根据后文讲到的底部区域的判断方法以及金字塔模型进行多次建仓，锁定回升利润。

五、扳机点的判断之"主力吸筹"篇

通过前文对于主力建仓手法的介绍，我们可以知道他们买入一只股票必然要经过周密的计算和预先的布局，并尽可能在散户不知不觉的状态下吸收廉价的筹码，以更好地完成将来的拉升和出货。对于庄家来说，吸货并不困难，无非是成本问题。但问题的关键在于出货，吸货的成本和隐蔽性就决定了出货的难度。因此，庄家往往需要进行很长时间的渐进式吸筹，前文讲到的"打压式建仓"就是其中一种。而对于散户投资者来说，大部分都想发现有大资金布局的股票，跟庄入场，而实际上，却总是在股票拉升前被主力洗出局，原因就是看不懂主力的建仓手法和节奏。

弘历软件中的"主力吸筹"指标就是专为猎庄而生，以红色或绿色柱体的形式在关键位置标识主力的入场信号。只要是大资金的操作，就必然会留下痕迹，并带来市场异动，主力吸筹指标就是帮助散户及时发现庄家吸货的过程。注意，它并不是买卖指标，因为庄家吸筹往往采用打压吸货的方式，因此，主力吸筹的信号往往出现在股票下跌末期。对于激进的投资者来说，可以作为小仓位入场的一个位置，再结合底部区间的判断和资金控盘程度的评估来分批入场。由于庄家后期的拉升空间和力量都基本取决于吸筹的力度和价格，因此，对于散户而言，庄家吸筹是捕捉强庄股和判断庄家成本必备的利器。

该指标的基本用法是，红色柱体代表主力进场，而绿色柱体代表主力洗盘；在股票下跌末期如果发现连续的红色柱体出现或者单日天量红柱出现，都是一种庄家大幅进场的信号，这样的股票后期止跌，都是大概率的底部确认信号。

接下来，让我们用实践案例来说明一下。

图 2.3.12　主力吸筹指标在 IFAST 股票中的应用

在图 2.3.12 中，我们可以清晰地看到，"主力吸筹"指标在 IFAST 这只股票中的应用情况。2023 年 10 月 23 日，IFAST 这只股票首次出现了一根明显的主力吸筹信号，代表有主力建仓的动向。而在此之前，这只股票一直处于震荡横盘的过程中，长达两个多月。在见到主力吸筹信号之后，股价当天就见到了最低价，随后展开了一波强势上涨，幅度达到 60% 以上。这就是一种利用主力吸筹锁定底部的非常好的方式。有时股票在出现主力吸筹之后，并不是都能马上见到最低点，也会继续下跌一段时间。但只要主力资金已经成功布局，那么拉升就近在眼前。我们需要结合科学的建仓方案去进行买入，以防遭遇风险。

主力建仓可能是一个漫长的过程，而主力吸筹可以在非常关键的位置显示这只股票被大资金关注并有积极买入筹码的动向，这对我们判断买入时机提供了相当有用的参考。

在第五章里，我们会更加详细地解释每次实战操作的扳机点判断思路，以及"主力吸筹"的原理和使用方法。我们倡导在操作股市时，不能仅仅凭直觉和感觉，更需要有数据和逻辑的支撑。"主力吸筹"指标便是我们判断扳机点的重要依据之一。

六、扳机点的判断之"背离王"篇

如果你想在股票上涨时持有重仓，下跌时持有轻仓，那么你就需要对周期波动有所预判，因为所有股票涨跌动态都是由一个个波段构成，不论是大波段还是小波段。

此时，你需要理解的是，什么才是影响股票涨跌和形成这种波段的核心因素？

虽然影响股票的因素众多，但其实最核心的只有一个，那就是供求关系。这是股票市场的基石，如果你不能理解这一点，很容易就会被众多外围因素干扰，比如那些关注基本面信息的人，可能会把注意力偏移到公司的好坏上，而真正影响股票的，其实还是筹码的供求关系。

如果供求决定股票的涨跌，那么我们如何预判这个供求关系的变化呢？其实很简单，只需要找到空方的主导动能开始衰竭的点。在下跌过程中，如果卖方力量开始减弱，那么这就可能是股票重新上涨的开始。

具体操作中，我们可以利用背离王这个简单的股票指标，它专门用来研究股票的供求关系。

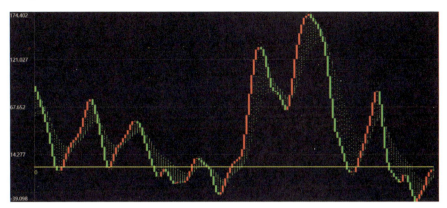

图 2.3.13　弘历软件中的"背离王"指标

背离王是反映市场资金供给的指标，资金供给增加会导致市场价格上涨，资金供给减少会导致市场价格下降。根据市场供求关系的基本原理，应用背离王指标可以看到反映资金增减的红柱、绿柱和反映资金增减力度的柱状线，红柱代表资金流入，绿柱代表资金流出，这样我们就可以将价格表现与资金供求关系的变化联系在一起，并通过它们之间的趋同或背离关系研判市场。我们说要承认趋势的力量，趋势形成以后会以无比强大的惯性保持价格的原方向运动，但趋势终会有终结。在趋势终结之前，会在价格运动上表现出与指标的不同步现象，即背离，也是背离王的理论基础。换句话说，使用背离王，我们可以提前知道当前的趋势是否可能很快终结。因此我们说，背离王是个不会说话的先知大师。

当背离王指标中的柱状图出现颜色转变时，往往就是股票涨跌状态改变的时刻，或者可以说是多空力量交替的关键点，这就为我们找到了市场周期性拐点的关键线索。

以 Meta 股票为例，如图 2.3.14，你会发现每一次颜色的转换，基本上都代表着该股票的一个转折点。这并不是说每次颜色转换都准确地指向了最低价或最高价，但你会发现，只要颜色发生转变，那就意味着一个波段的更替。

这就是我们刚刚提到的：背离王指标的红色柱体代表着资金的流入，绿色柱体则演示了资金的流出。当资金流入时，那就意味着商品的供应量低于需求量，这将无疑推高股票的价格。而当资金流出时，商品的供应量就超过了需求量，这将导致股票的价格下降。这些都是跟着资金流入和流出变化的价格波动，也是我们在分析股票走势时所关注的关键因素。

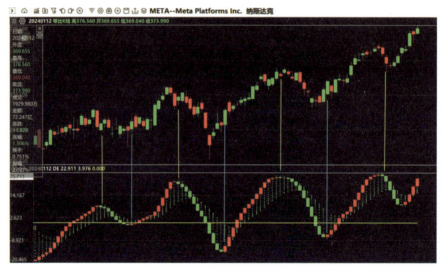

图 2.3.14　背离王指标在 META 股票中的应用

当然，这只是背离王指标的最简单和直观的用法，每一个指标或理论在使用时，都需要与其他指标、市场信息、公司本身的信息等结合起来综合判断，才能更好地判断扳机点。

通过本节，相信大家都意识到了若想要达到良好的建仓效果，扳机点的确认非常重要，它是交易者决定买入或卖出的关键标准，可以帮助交易者在合适的时间买入或卖出，从而获取更大的收益。再次强调，扳机点的判断是本书所讲建仓方法可以正确执行的前提，是重中之重，如果没有正确的对于扳机点的判断，后文的一切都无从谈起。因此也决定了本书并不是针对初入股市的小白的教学内容，而是面向对股市以及基础技术分析方法已经有了一定了解，希望通过资金及仓位的合理控制与分配达到更优投资结果的交易者。

本文所讲的扳机点的判断主要基于技术分析，通过下降结构、管道线理论和波浪理论等方法进行，而这些理论都要求交易者对股票价格变动的规律有深入的理解并且能够灵活运用。除此之外，扳机点的判断方法也不局限于这几种，还应结合实际股票的市场表现，通过实战经验的积累，才能更准确地把控扳机点，做出更有利的建仓决策。

当然我们也会看到无论多么厉害的神枪手，都不能保证百发百中，何况在股市中没有绝对一说。无论是多么完美的买入点都需要考虑到有下跌的可能性，并为之做好万全的准备，这样才能打有准备之仗，立于不败之地。因此，接下来我们需要对底部区域进行全面的研究与判断。

第四节　底部区域的判断与建仓策略

当我们选择了扳机点之后，就要判断股价可能继续下跌的底部区域的幅度宽窄，底部区域不是唯一确定的，**而是找到最大可能性的下跌幅度。**但是请注意，找到最大可能性的下跌目标位并不意味着我们剩下的资金都要买在这一个价位，那样的话分仓就失去了它的意义，相当于把所有盈利的可能都赌在了一个点上。实际上，我们搭建建仓模型的意义就在于把可能出现的下跌空间进行合理划分，把资金科学地分配到这个区间，不论股价跌到这个区间内的哪个价位出现了反弹，抑或是跌破了这个区间还没有出现反弹，我们所承受的风险都是最小的，盈利的可能空间总是最大的。而为了避免出现跌穿底部区间都没有迎来反弹的情况，就需要我们对于底部区域有更清晰的预判，这就需要掌握一些技术分析方法。

一、底部区域的判断之"黄金分割拓展"篇

先为大家介绍一种比较简单的判断方法——黄金分割拓展。

谈到"黄金分割"，很多人对这个概念一定很熟悉，数学理论中就提到它的概念，即黄金分割比例，它是指将整体一分为二，较大部分与整体部分的比值等于较小部分与较大部分的比值，其比值约为 0.618。那么如何将其运用到股票分析中呢？

黄金分割率具有极强的自然属性，黄金分割率是世界事物运动永恒

的转折点，只有在这里转折，事物的运动才会和谐，才会持续。它是作用在人们深层潜意识里的客观规律。股市中最基本的规律是高低相间，没有永远的牛市，也没有永远的熊市，股市将永远在高低之间运动。这就使短线高手有在黄金分割线指导下追涨获利的可能。

通常市场的拉升都是螺旋式的上升，不会一步到位，基本上是进两步，退一步，在新的上涨趋势形成之前，常常要有一波回撤，可以说是洗盘，也可以说是蓄势待发。市场一般比较喜欢的回撤水平0.32、0.5、0.68，恰好符合黄金分割的数字。

关于黄金分割需要记住的若干特殊数字：

0.618、0.382、0.191、0.809

1.618、1.382、1.191、1.809

这些数字中0.382、0.618、1.382、1.618最为重要，股价也最为容易在这四个数产生的黄金分割线位置产生支撑或者压力。

在一轮下跌行情之后，当股价脱离低价位上涨时，参考其他技术指标，如：均价线系统、K线、随机指标等，从上升的速度与持久性来分析，并依照黄金分割律，它的涨势可能在上涨幅度接近或达到或超过此前下跌幅值的0.382与0.618时发生变化。也就是说，当上升到接近或达到或超过38.2%或者61.8%时就会出现反压，有结束上升行情开始反转下跌的可能。

黄金分割律除了固定的0.382和0.618是上涨幅度的压力点以外，其间也有一半的压力点，因此0.382的一半0.191也是很重要的依据。升幅（或跌幅）范围内38.2%、50.0%和61.8%的位置是最常用的黄金分割折返水平。股价所贴近的百分比水平越高（即61.8%），其反弹的机会亦会越大。

具体来说，黄金分割在股票交易中的应用可以分为三类：在一轮上涨行情后，确定回调时的可能支撑位；在一轮下跌行情后，确定反弹时的可能阻力位；或根据回调时的支撑位，确定股票的强弱势和趋势转变。在上升行情掉头向下时，可用前一个上升波段的涨幅乘以一个黄金分割数，就是可能的下跌幅度，再用顶点位的数值减去这个下跌幅值，就得到此次下跌的强支撑位。

而"黄金分割拓展"是一种基于黄金分割理论的股票分析方法，它主要用于预测股票的未来价格走势。具体应用在股票分析时，我们使用软件工具在图表上选定起点和终点，就可以得到黄金分割拓展的具体位置，然后按照黄金分割的比例，划出若干个可能的支撑位和阻力位。

我们仍以特斯拉为例。首先，我们需要确定黄金分割拓展的起点和终点。起点通常取在下降管道线的起始高点，终点则取在你要寻找的买

图 2.4.1　特斯拉黄金分割拓展

点的前一低点。

在绘制了黄金分割拓展后，你可以寻找下一个目标位，我们看到图 2.4.1 中画黄圈的位置，股价刚好跌到黄金分割 1.191 的关键支撑位，而且同时，结合上文讲过的管道线理论，股价触碰到下轨，即扳机点。这时，我们就可以先买入一部分股票，因为这时已经距离反转不远。随后，股价跌破下轨，继续下探，那么我们就需要找到一个目标位，这个新的目标位就是黄金分割拓展 138.2% 的位置，这个位置代表着股票接下来最大可能会下跌的幅度，距离扳机点有 18% 的空间。那么接下来，就是运用金字塔建仓法进行分批建仓了。

再以上文提到的特斯拉在 2023 年 8 月 18 日的走势为例，利用黄金分割拓展，取前期最近的一个上涨波段的最高点与最低点分别为起点和终点画出黄金分割目标线，如图 2.4.2，在随后股价出现回调时可以看到，在股价跌到 218 附近刚好为黄金分割 0.618 的位置，同时也是

图 2.4.2　特斯拉黄金分割拓展

前期高点所在的水平线，因此我们就可以预判股价在 218 附近的位置即为一个关键支撑，一旦探入这个区间便极有可能出现反弹甚至反转，随后股价果然在这里形成一个有效反弹。

　　以上即为一个底部区域判断的简单方法，充分理解后可以举一反三、灵活运用，你就可以确保不会错过股票底部的买入机会，同时保证买入的成本足够低，风险足够小。

二、底部区域的判断之"指标共振"篇

　　若要判断可能性最大的下跌，我们需要用到的方法是"指标共振"，即通过多种技术分析指标来综合判断，可以再次确认支撑的有效性。

　　如图 2.4.3 是特斯拉股票的一段走势。我们可以利用前文讲的方法通过两个高点和一个低点画出下降管道线，并尝试预测它的下降空间。

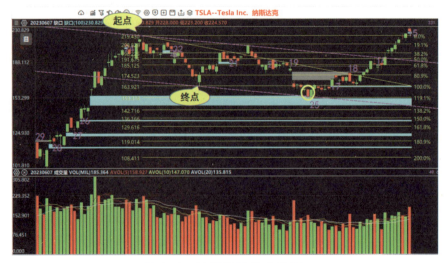

图 2.4.3　特斯拉股价走势图

有时候我们会发现,管道线和黄金分割目标位会出现交点位置。这些交点,就是同时达到下降通道线买点和黄金分割支撑位的关键位置,往往能够作为一个极佳的入手点来进行操作,其出现反弹甚至反转的概率极高。

在实际应用过程中,我们也可以将"缺口理论"结合到判断中,图中就在黄圈标记的下降管道线下轨与黄金分割 1.191 的目标位交叉的地方同时还到了一个大缺口的上沿,缺口也是做股票的过程中需要特别关注的一个现象,它对于股价所起到的支撑及压力的作用不可小觑。因此,在这只股票中,在以上多重因素的共振之下,随后股价果然出现了强势的反转。

这样的方法同样适用于指数的判断,我们来看下图。

图 2.4.4　纳斯达克指数走势图

在下跌过程中,我们发现就在黄色圆圈的位置,刚好股价跌到缺口处,同时此位置与黄金分割线 1.382 的目标位和下降管道线下轨十分接近。那么，我们可以预判到股价一旦跌入这个区间，定会受到多重支撑，这就是典型的共振现象，此时的反转或者反弹的概率会极大地超过其他任何位置，那么自然就是我们选择开仓的地方，假设股价没有止跌，继续下探，相信我们此时已经学会如何找下一个底部目标位了。

在充满不确定性的金融投资行业中，评估买点和分析底部区域的准确性对于市场表现以及最终投资回报率至关重要。以 AMD 这只股票为例，我们将详细探讨如何综合使用技术分析方法，并结合市场行情，来判断底部区域。

接下来，以 AMD 这只股票为例，我们来看如果买点和买入时所判断的底部区域存在偏差，该如何操作。

图 2.4.5　AMD 走势图

根据图 2.4.5，大家可以看到 AMD 在 2023 年 6 月 13 日走出了一波显著的上涨后出现回调。投资者往往期望在股票回调的低点买入，因为这样既可以在上升趋势中保持相对的安全性，又可能在下一波上涨中获得显著收益。为了找出可能的调整目标位，我们可以借助黄金分割拓展的方法来做出预测。这个过程涉及选取前期上升波段的起止点，通常以其上涨波段的最高点为开始点，以其最低点为终结点，画出黄金分割目标位，得出股票可能调整后的预期目标位。

通过这一预测，我们注意到图 2.4.5 中，AMD 在调至黄金分割的 0.5 位置时，存在一个大的缺口，股价回踩，跌破缺口下沿。而同时，还出现了前文讲过的 TD 结构 9，面对这样的情况，投资者都会产生一个疑问：在这个位置时，我是否应该买入？理论上说，这个价位应是一个理想的买点，投资者可以在此时投入部分资金。我们再来看该股后续的实际走势。

图 2.4.6　AMD 走势图

然而，实际情况往往存在不确定性。AMD 随后的走势并没有完全符合预期。其见到结构 9 之后，股价小幅上涨，但随后就出现了一轮震荡下跌的情况。后期甚至跌破我们买入的成本线。在这种情况下，投资

者必须做出选择止损还是继续持有的判断，这需要根据个人的资金情况
和市场的跌幅来进行考量。

　　如果投资者所持有的现金已经投入股票市场且市场跌至买入成本，那
么止损认赔可能是一个更好的选择。因为大部分资金已经入场，即使股价
后续能够回升，在这个过程中也没有更多资金能通过加仓的方案降低成本，
会承受非常大的风险。另一方面，如果投资者还拥有大部分可用资金进行
投资，那么继续持有或加仓就可能是更好的策略，因为我们完全可以利用
建仓模型保证本金安全，无须割肉止损。在这种情况下，投资者需要注意
的是必须调整仓位和掌控资金，防止因为预测失误而产生较大的损失。

　　接下来，我们需要对股票的支撑位和底部区域做预判，我们可以利
用下降管道线与黄金分割目标位关系来做判断，看看是否存在共振的点
位，以此来预测接下来可能的走势。

　　如图 2.4.7 所示，为了更精确地判断下跌目标位，我们以最近一个

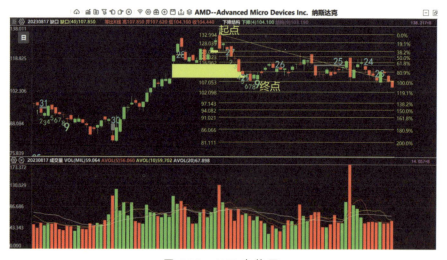

图 2.4.7　AMD 走势图

下降波段的高点和低点分别为起点和终点画出黄金分割拓展目标位。在下方的每一阶段都有可能受到支撑，而哪一次支撑作用比较强，容易出现大幅上涨，需要我们结合其他方式进行判断。

图 2.4.8　AMD 走势图

如上图，在画出黄金分割拓展目标位的基础上，我们利用弘历软件中的"下通道助手"，取本次下跌过程中的 2 个高点和其中间的一个低点作为关键点画出下降通道线。

具体来说，如果在某一点位，下降管道线与黄金分割目标位存在交点，表示这一点位可能是一个强支撑位，股票有可能在这里反转。反之，如果没有交点，表示股价可能仍会继续下跌。遇到这种情况时，可以加仓，但也需要注意仓位的控制。通常，在每一个可能的下跌空间目标位，如下一次触碰到下降管道线下轨的位置，我们都可以视为一个可能的买点，也就是可以选择试探性加仓，但在这里加仓的前提是我已经明确了这里很可能只是一个小反弹，大概率还会继续下跌，但这个小反弹已经足够让我回本了。如果真跌到预测的目标位（也就是多重共振出现的位置）则大胆加仓，因为在这里它很可能受到一个比较强的支撑。

如图 2.4.9 所示，在图中标出的黄色圆圈的位置都是股价触碰到下降通道下轨的地方，再结合黄金分割目标位的支撑作用与股价的走势结构，你认为哪一次受到的支撑作用更强呢？很明显，在第二个黄色圆圈的位置，股价刚好到了 1.382 的关键黄金分割目标位与下降通道下轨交叉的地方，而第三次，不仅是 1.5 的黄金分割目标位与管道线交叉的位置，而且同时刚好走完了下降结构 9，形成了一个强大的共振。这在很大程度上预示了后市的反转概率。这个位置无疑是一个理想的加仓位置。

那么，在这个位置加仓后，AMD 后续的走势又是如何呢？

图 2.4.9　AMD 走势图

如图 2.4.10 所示，受到共振支撑之后，AMD 上涨的强度超出了预期，不仅打到上轨，甚至在突破过后还有一波大幅度的上涨。

图 2.4.10　AMD 走势图

需要说明的是，在图 2.4.9 中三次黄色圆圈标记的买点出现时，都可以进行加仓，只是加仓的数量需要按照本书所讲到的公式计算最优比例，如果按照这样的方式加仓，我们可以看到，在每一次黄色圆圈出现后，股价都出现了一波反弹，这个幅度也理应超过了我们预设的回本预期，也就是每次小反弹出现时，我们的资金都已经实现了解套，没有丝毫损失。而如果资金量足够且对这只股票有信心的投资者，完全可以进行三次加仓，到第三次加仓后，持仓成本已经到了非常低的位置，股价随后的上涨会带来巨大的收益。这样操作就比一开始出现亏损时就割肉出局或是一直持股等待解套，要灵活得多，且排除了很大的亏损风险，收益也更大。

通过这个案例的完整解析，我们就知道了，搭建建仓模型是一个动态的过程，尤其是对于底部区间的预判，随着股价的运行，总会有下一个可能的下跌目标，关键在于我们在每一次加仓机会来临时，该如何进行加仓，才能保证安全，这也是建仓模型及公式要解决的问题。

因此我们看到，即使最初的买点和底部区域的判断存在偏差，我们也可以通过合理的分仓策略进行自救，可以做到控制风险，避免亏损。务必注意的是，运用技术分析的同时，投资者应对公司的基本面进行深入研究，了解公司的盈利能力、经营状况、行业地位等因素，结合技术分析和基本面分析，从而做出更加明智的投资决策。

总的来说，各位投资者要清楚底部区域的判断方法有很多，对于上文我们提到的方法来说，优先选取缺口理论，第二个是黄金分割拓展，第三个方法可以使用上升、下降结构，而管道线则不建议作为主要的判断方法，因为其在绘制时可能会出现误差，不利于判断。

更多关于"底部区域"的判断依靠的是技术分析方法，此处不过多列举。通过以上案例，你会发现最终的问题在于：在对市场的扳机点和底部区域进行判断之后，你需要根据自己的资金状况计算你能够抵御的下跌空间。这也是我们的公式要为大家解决的具体问题，公式计算的目的就是为了应对所有的不确定性，在每种可能出现的结果中都将风险降到最低。

三、建仓次数和建仓跨度的判定

当选择了扳机点并判断股价可能继续下跌的底部区域后，就要将底部区域合理划分，确认股价每下跌多少建仓一次，即建仓跨度，从而得到总建仓次数。这要考虑加仓操作的合理性及资金量的大小，比如预计底部区间的宽度为20%，那么我们可以以5%～10%的幅度来等距划分（幅度至少要超过日常波动），从而得到相应的建仓次数5次或3次，这将受到对于底部区域宽度的判断和资金量的限制，主要取决于投资者个人。例如可以选择将20%的区域分成两次购买，比如每次10%，或者将30%的区域分成两次或者三次购买。再举个具体例子，如果我们预测底部区域有30%的空间，我们将股票的价格定在100元。首次购买后，价格有可能上涨，也有可能下跌。但因为我们预测了底部下跌空间为30%，所以下跌的概率更大。但是，我们既不想错过上涨的机会，又不想承担过大的亏损，所以我们选择分仓操作。我们在划分购买次数的时候，首要考虑的是策略的可实施性，至少我们设定的购买间隔要大于股票的日常波动，如5%或者更高。当然，如果遇到单次下跌幅度非常大，或是底部区域范围较大的股票，我们可以适当扩大购买间隔。

　　了解建仓跨度和建仓次数后，我们可以结合公式来确定建仓方案，其能够帮助投资者在市场反弹时，实现回本，并将风险降到最小。但要注意的是，尽管我们可以通过公式来设计和规划建仓方案，以期在市场反弹时能够得到相对更好的回报，并将风险降低到最小。但由于每一只股票都存在它自身的特点和风险，比如波动速度和底部区域范围等，所以必须根据其具体情况，灵活调整购买策略，以适应市场变动并实现适应的投资收益。

四、初始建仓数量的确定

当确认了总建仓次数及扳机点之后，就可以对资金进行合理分配，从而决定首次建仓买入数量。初始建仓的数量，是确保建仓策略得以有效实施的重要环节，同时也是投资者最初走向市场的关键步骤之一。

如何确定初始建仓数量是一个需要投资者充分思考的问题。投资者需根据自身的风险承受能力和资金量，结合公式制定出一个最符合自己的投资策略，投资者需要整体考虑自己的投资策略，进行科学和理性的布局。

初始建仓的数量不能过多。尽管很多投资者可能认为初始建仓时购买更多的股票可以获取更大的收益，但这无疑会增大投资风险。正如我们曾经谈到过的，如果我们在"扳机点"投入过多的资金，那么我们就会陷入一个进退两难的局面，因为如果市场后期走势不及预期，我们的资金量很难支持我们去分批建仓，进行自救。

初始建仓数量的决定不仅仅是一个简单的数字问题，更是一种科学的投资策略布局。我们需要在可接受的风险与资金量中找到一个平衡，以制定出初始建仓数量。我们的目标是，一方面，我们要保护好我们的资金，不让其面临过大的风险；另一方面，我们也要在股市中获取更大的收益。

在初始建仓数量确定后，我们就可以开始规划后续的建仓方案。我们要根据市场的走势，以及我们自身的投资策略，来决定如何进行后续的建仓。这样，我们就可以利用市场的波动，用分批建仓的策略，适应瞬息万变的市场，不断地调整我们的策略，以此来获取收益，同时也保护我们的资金安全。

五、后续加仓数量的确定

金字塔建仓是一种在股票市场投资过程中常用的策略之一，其主要原理是在投资的初始阶段以相对较少的数量进行买入，然后在股价持续下跌一定幅度后进行加仓，这样在一定程度上有利于降低投资者的平均成本。当我们确认了扳机点，进行了首次建仓后，股价继续下跌一定幅度时需要加仓的数量，这是金字塔建仓中平均股价的关键，为使平均股价降低，建仓数量理论上应是越来越多。

然而，许多投资者在加仓时未进行精准计算和深入研判，仅凭个人的感觉和经验盲目增加持股量，期望通过大量购入来摊平自己的投资成本，这往往会带来相反的结果。因为过度投资会使得投资者实际承担的风险增加，特别是在市场行业趋势未明朗、行情波动性较大的情况下，这种盲目加仓的做法会使得投资者的实际损失进一步扩大，这类似我们在前文提到的"过度投资"的概念。

那么，对于投资者来说，如何找出最佳的加仓比例呢？这通常需要我们结合具体的股票类型和自己对于建仓次数、跨度、资金量的综合判定进行计算。我们需要借助金字塔建仓模型的量化方法，运用数学公式来确定每次买入的比例。

加仓是建仓过程中不可或缺的一环，但如何加仓、何时加仓、以何种比例加仓等问题，都需要投资者根据市场环境、自身投资习性、风险偏好等因素，进行深思熟虑和精细设计，才能将加仓的策略发挥到极致，从而在投资市场上取得满意的收益。

六、期望的每次建仓后的回本空间

这是大多数投资者在建仓时容易忽略的一个问题，也是本书所讲的建仓模型的独特之处。投资者在建仓之后，需要确定股票价格反弹多少即可实现回本或盈利。实际上，这个程度是因人而异的，可以根据投资者的风险偏好程度来具体确定。但无论怎样设定，我们设置的股价反弹程度都需要保证易于实现，否则这个建仓模型就显得毫无意义。

我们需要预设一个期望回本的空间，而这个空间是多大，需要根据自身的风险承受能力和投资目标来决定。也就是说，你要预设一个可以接受的最大亏损额度，你的股票持仓价会根据这个预设值来确定。在具体实施过程中，你可能对风险更为保守，可以设定一个较小的回本空间；也可能对风险更为激进，可以接受一个较大的回本空间。无论如何，这个回本空间都需要根据你的具体风险偏好和资金量进行定制。

需要再次强调的是，我们谈到的建仓策略并非一成不变的，而是需要根据市场环境的变化，及时进行调整。对于同一只股票，当市场环境变化时，你的投资策略也应做出相应调整。因此，这个建仓模型并不是一种固定的建仓模型，而是一种动态的、根据你的风险偏好度和资金量进行定制的建仓模型。

投资股市始终与风险相伴同行。只有当我们全面了解自己的风险承受能力，清晰认识自己的资金情况，并据此选择最适合自己的投资策略时，才有可能在股市中实现盈利。这不仅要求我们有精准的股市分析能力，更需要我们有审慎的风险评估能力和理智的决策能力。

因此，投资者在投资过程中，需要根据自身情况，理性设定自己的投资目标，且这个目标应综合考虑盈利预期和风险承受能力。同时，应保持对市场变化的警惕，灵活调整自己的投资策略。只有这样，才能在股市中步步稳健，赢得长久的收益。

综上所述，本章主要为大家介绍了金字塔建仓模型，并重点分析了该模型能够解决的问题和构建该模型的核心问题。一方面，金字塔建仓模型能够帮助投资者在面临买点选择时，进行更加理性的决策，避免过度交易，实现资金的最优配比；另一方面，通过科学地规划仓位和资金分配，可以使投资者在面对市场变化时，能够更加从容地应对，降低投资风险，实现稳健收益。

在构建金字塔建仓模型时，需要解决的关键问题包括：确定第一次建仓的买入价位，也就是扳机点，预测底部区域，计划需要建仓的跨度和次数，确定初始建仓数量和后续加仓数量，以及期望的回本空间等。这些因素都需要结合技术分析和投资者自身的实际情况进行决策。通过公式构建适合自己的投资模型，才能在股市中保持稳健的投资收益。

第三章

底部建仓方法详解

在股票交易中，有很多种建仓的方式，但我们如何找到最优的建仓模型，以保证股价反弹时最小化风险，实现盈利呢？通常，许多投资者会采取"均价建仓法"，这种方法的逻辑是把股价摊低到持仓均价与现在市场价的平均值，这种方法操作简单明了，容易被投资者理解，但在具体操作的过程中会不会存在问题呢？在思考这个问题的同时，许多熟悉市场操作的投资者也开始寻求一个更优的建仓模型，他们希望能找到一种方式，在投入有限的资金的情况下，能够真正实现风险最小化。而这就是我们本章要探讨的问题——找到最优建仓模型，实现投资的目标。

第一节　你的加仓正让你远离回本

在股市投资中，我们一直追寻的是如何在风险与收益之间找到最佳的平衡点。作为一种风险管理的手段，仓位管理扮演着至关重要的角色。在深入本书的核心建仓方法前，我们首先来了解一种被投资者广泛应用，简单直接，但很可能让你陷入回本误区的加仓方式。

为找到最优的建仓模型，我们本节通过代入具体数字，更加直观地来推导其中的逻辑关系。

假设初次建仓时，股票的价格为每股 100 元，我们购买了 1000 股，成本达到了 10 万元。然而，在购买之后，股价并未上涨，反而继续下跌。对投资者来说，这是一个不小的冲击。

那么，在这样的情况下，为了摊低成本，假设我们选择在股价每下跌 10% 的位置加仓一次，那么该怎么买，才能最大程度保证加仓之后股价若反弹，我的风险最小、回本甚至盈利机会更大？

首先，本节为大家介绍的是一种简单直接的建仓方法——均价建仓法。这也是很多股民正在使用的建仓方法，我们来看看这种建仓方式的效果如何。

均价建仓法也就是摊平成本的建仓方法，**假设我们每次加仓都以将股价摊低到持仓均价与现在市场价的平均值为目标。**

那么，假设股价为 100，我们买入 1000 股，总成本为 10 万。在股价第一次下跌 10%，变为 90/ 股，若想要把股价摊低到持仓成本与当前市场价的均价，即（100＋90）/2＝95元，那么此时就需要再买入1000股。

此时股价需要反弹多少才能盈利呢？（95－90）/90×100%＝5.56%，即股价反弹5.56%才能实现回本或盈利。第二次建仓结果如下表所示。

表3.1.1　均价建仓法第二次建仓结果

	建仓跨度	股价	股数	总成本（万元）	持仓均价（元）	回本／盈利空间
第一次建仓		100	1000	10	100	
第二次建仓	10%	90	1000	19	95	5.56%

假设第二次加仓之后，股价继续下跌。假设在股价再一次下跌10%，也就是81元的位置，我们进行第三次建仓，仍然以把股价摊低到持仓与市场价之间的均价为目标，即（95＋81）/2＝88元。

前面我们已经持有2000股，所以你这一次只能再买2000股，才能把均价拉到目标位。此时我们需要股价反弹（88－81）/81×100%＝8.64%才能实现回本或盈利。第三次建仓结果如下：

表3.1.2　均价建仓法第三次建仓结果

	建仓跨度	股价	股数	总成本（万元）	持仓均价（元）	回本／盈利空间
第一次建仓		100	1000	10	100	
第二次建仓	10%	90	1000	19	95	5.56%
第三次建仓	10%	81	2000	35.2	88	8.64%

以此类推，若股价再次下跌10%，我们不难得到第四次的建仓结果：

表 3.1.3　均价建仓法第四次建仓结果

	建仓跨度	股价	股数	总成本（万元）	持仓均价（元）	回本／盈利空间
第一次建仓		100	1000	10	100	
第二次建仓	10%	90	1000	19	95	5.56%
第三次建仓	10%	81	2000	35.2	88	8.64%
第四次建仓	10%	72.9	4000	64.36	80.45	10.36%

我们进行资金和仓位管理的目的是通过加仓来拉低持仓价格，这样一来，如果股价有所反弹，我们就能快速回本，进而实现盈利。而当我们进行以上操作时，却发现我们越加仓，离回本或盈利的空间越远。

由此，我们不难看出，这个简单易操作的"均价建仓法"存在的问题是：你需要投入越来越多的资金，但是回本空间却越来越远。也就是说，我们需要加仓的数量和资金一定是成倍数地增长，与此同时回本的难度却在逐渐增加。这就是均价建仓法背后的致命问题。

所以，我们可以肯定，仅仅以均价法的思维来加仓是无法达到建仓的期望效果的。对于新手投资者来说，均价法建仓或许看起来是非常有吸引力的，因为他们可能会认为，只要坚持越跌越买，成本就会越来越低，总会等到回本那一天。而实际上，这种想法却忽视了投资市场真正的风险和复杂性。我们的最终目的是快速回本，而不是投入越来越多的资金，却只能看着回本空间越来越远。

我们可以再次思考一下，我们进行资金和仓位管理的目的到底是什么？

　　假设我们有一只股票，我们预测它可能会有一个 30% 的反弹空间，可以通过加仓操作摊平成本，等待上涨，但是，如果你遭遇到的是那些并没有很大价值的股票呢？例如港股中"新东方"这样的股票，从 2021 年 2 月 18 日的 154 港币，最低跌到 6.7 港币，直到 2024 年 5 月 31 日，也只有 63 港币。面对如此的跌幅，如果你使用均价建仓法，只会越陷越深，恐怕无望解套。

图 3.1.1　新东方股票走势图

　　那么，我们应该如何解决这个问题呢？

　　在这里我们就可以明确加仓操作的两个要点：

　　1. 为了摊平成本，后续加仓的数量一定是与上一次买入数量成倍数关系。

　　2. 每次加仓操作后，持仓均价与股票现价之间的距离也就是回本空间至少要保证恒定不变，而且是容易达到的。

只有满足以上两点，这样的加仓操作才能达到降低风险的作用，才是一个成功的模型。

在进行股票投资的过程中，我们不能盲目加仓，我们需要遵循一种策略。而这种策略的核心，无疑是要尽量缩小我们的回本空间，而且要让这种回本空间保持恒定不变。假设我们设定的目标是 3%，那么无论我们加了多少次仓，股价跌到多低，只要股价有 3% 的上涨，我们就能回本。

这似乎是一个简单又明确的目标，但是在瞬息万变的投资市场中，这并不是一件容易做到的事。我们需要一种良好的加仓策略，这种策略可以帮助我们更好地坚持自己的投资理念，合理地调整仓位，以应对市场的各种压力。对于许多投资者来说，一个更有效的策略应该是采用科学的资金和仓位管理，以降低我们的投资风险。

在下一节中，我们将对此加仓法进行深度剖析，提出更有效的策略和方法，帮助投资者重新审视和调整自己的加仓策略，真正做到科学的资金和仓位管理，也希望投资者能够理解到：无论是什么样的加仓策略，其核心目标都是要让我们的投资更安全，更有保障，而不是盲目追求利润的最大化。

第二节　最优建仓模式

通过上一节的均价建仓法，我们了解到若以平均股价为加仓目标，虽然我们的持仓成本不断降低，但是回本空间却在不断增大。如何才能找到最优的建仓比例呢？

本节我们将为大家介绍"倍数建仓法"，倍数建仓法通过成固定倍数的加仓，保证回本空间得到有效控制，也就是在每次建仓之后的回本或盈利的空间很容易达到，而且恒定不变，这里以 3% 为我们期望的回本空间。它与均价建仓法的最大不同在于，它是以安全盈利为加仓目标。

什么是安全盈利？就是建仓完成后，回本空间必须足够小，以确保回本的难度足够低。且这个回本空间不会越来越大，而是一个恒定且非常小的数值，我们必须对此进行严格的控制。这就是均价建仓法和倍数建仓法之间的最大差别。

假设我们采取倍数建仓，即后一次建仓与前一次成固定的倍数关系，而且需要每次建仓之后，那么回本或盈利空间是容易达到的，而且恒定不变的。例如，我们以 3% 为目标，那么每次加仓的数量应该是上一次的多少倍比较合适？

为了找到这个倍数关系，我们需要对其中的关键要素做一些假设：

假设 1：建仓跨度固定。第一次建仓结束后，股价每下跌固定幅度，开始下一次建仓。

假定 2：等比建仓。后一次建仓的股票数量为前一次建仓股票数量的固定倍数 n 倍，其中 n 可以是 3、4、5，取决于有多少资金。

假定 3：每次建仓完成后，以股价反弹 3% 后能否实现回本或盈利作为对模型构建成功与否的评定标准。

此外，若要寻找最佳的建仓比例，各要素之中哪些是定量，哪些是变量，哪些是因变量？各要素之间又应该是什么关系？这些都是我们应该思考的内容。

前文已述，我们首先要根据技术分析找到扳机点，并对于底部区域有一个预估，确定大致的底部空间范围，再根据股价下跌到底部区域最低价的可能性大小来划分底部空间，确定建仓跨度，得到建仓次数。因此，针对某一只股票来说，扳机点和底部区域是提前预判的，建仓跨度和建仓次数是可以调整的，建仓回本预期是一个范围，我们可以先以3%作为临界点，即每次建仓后股价只要反弹3%及以上都可以实现回本或盈利，这个临界点也可以根据自己的风险承受能力调整。

在本书中，我们将重点研究如何构建一个有效的建仓模型，以实现在各种市场环境下，无论是牛市还是熊市，都能保证我们的投资目标——安全盈利。在细化建仓过程中，我们需要着重考虑的有预估扳机点和底部区域、确定建仓跨度和回本预期等因素，基于这些因素，构建出合理的分批建仓方案。因此，我们的目标就是找到一个最优的建仓比例，即通过设定不同的建仓跨度，找到最优的建仓次数和每次建仓数目的倍数关系。

理论上，这就需要我们通过数学建模，找到各种要素之间的逻辑关系，从而推导出建仓模型的公式。

在接下来的章节中，我们将深入探讨这些要素之间的关系，并构建一个有效的建仓模型。我们也将详细说明我们的建模过程，包括公式的推导、参数的选择及模型的验证等等，以供大家参考和学习。

第四章
金字塔建仓公式推导

第一节　关于建仓模型的思考

一、数据分析思维 VS 公式分析思维

　　就在研究本书所著的建仓模型的过程中，我翻阅了大量的相关资料，演算了大量的模拟数据，不断地从纷繁复杂的数字之中抽丝剥茧，仿佛在提线木偶表演时需要找到连结运动体的那几根关键轴线，由此我产生了由数据分析思维到公式分析思维的转变。

　　在股市投资的过程中，许多股民往往只关注于对每天股价波动的图表分析和单一数据的研究，试图从这些表面现象中寻找涨跌的信号。然而，这种沉迷于短期波动和孤立数据的做法，往往忽视了市场背后的深层次

逻辑和长期趋势。股市投资绝对离不开数据分析，但仅有数据分析是远远不够的。投资者需要从繁杂的数据中抽丝剥茧，找到数据之间的逻辑关系，从而推导出能够指导未来投资的通用公式。

股票市场是一个复杂的系统，它受到宏观经济、公司基本面、市场情绪、政策变动等多种因素的影响。仅仅依靠对图表的分析，很难全面把握市场的全貌。因此，投资者需要从大量的数据中抽象出规律，构建科学的投资模型。这不仅仅是对单一数据点的分析，而是要在数据之间建立联系，理解它们如何相互作用，共同影响股价的走势。

如果认为每个问题，只是单个数据简单的加减运算，得到个结果就万事大吉了，那么不管他交易了多少年，遇到每个问题他都会以自认为绝对正确的方式从头开始运算，不管经历多少时间，都不会有任何沉淀与积累。为什么我们的课本里都是各种公式表达，而不是某一次实验的数据？因为单个数据没有任何意义，通过数据推导得到的公式才是遇到同类问题的通用解决方案，只要代入具体的数值就能得到想要的答案。

其他各项工作，都可以以此类推，每天遇到的各种任务和难题都是单个实验数据，如果不懂逻辑，不加总结，得不到数据背后的公式，那么每天都是从 0 开始，无论时间多长，也不会有长进。除非下一次遇到了完全相同的一组数据，根据历史经验或许可以得到答案。

但是谨记这只是经验，不是公式。更可怕的是，一些拥有很多实验数据的人会错把这些经验当做通用的定理并企图用到所有实验中，于是就产生了经验主义。

所以投资者一定要避免陷入经验主义的陷阱。市场是不断变化的，过去的成功经验不一定适用于未来。只有通过科学的数据分析和逻辑推理，投资者才能形成真正可靠的投资策略。这种策略应当能够适应市场的不断变化，而不是僵化地应用过去的经验。

总之，股市投资是一项需要深入思考和系统分析的活动。投资者应该超越对图表和单一数据的表面分析，深入挖掘数据背后的逻辑和规律，构建科学的投资模型。这样，他们才能在复杂多变的市场中保持理性，做出明智的投资决策，实现财富的稳健增长。

二、科学 VS 经验

在传统的股票投资中，很多股民依赖于经验和直觉进行操作，很少进行系统分析和实证研究。然而，爱因斯坦在一封信里指出，西方科学是以两个伟大成就作为基础的：一个是希腊哲学家发明的形式逻辑体系（在欧几里得几何学中得以体现）；另一个是在文艺复兴时期发现的通过系统性实验可以找出事物间因果关系的可能性。通过观察西方科学的发展，我们就有了一种探寻最优建仓模型的思考方式，那就是找到数据之间的逻辑关系和因果关系，然后将这种关系量化为一个公式，经过系统的科学实验证实之后供我们进行参照和应用。

我们用这种思路来研究资金和仓位管理，希望借鉴其方法论，构建一个基于数据和理论的建仓模型。这个过程的第一步就是判断建仓过程中的 些关键因素，比如扳机点、底部区间、建仓次数等等。然后，我们通过逻辑推导出这些因素之间的数学关系，这就是我们本章要重点探讨的"金字塔建仓公式"。接下来，我们要通过系统性的实证研究，检验这个公式的正确性和有效性，这个过程需要收集大量的股票数据，然后运用这个公式进行实际应用，以观察其结果是否符合我们的预期。

三、外在波动 VS 内在修炼

很多时候我们认为股票赚钱很难，是因为我们太多地关注图表的波动而忽视了对自身的修炼，经常亏损的原因不是股票变化太多，而是我们做的准备和预案太少。

提到"金字塔"，你或许会想到那些壮观古老的埃及建筑，而在投资领域，它代表着一种独特的资金配置方式：顶部的资金少，而底部的资金多。这意味着，在面对即将到来的股市波动的时候，我们需要按照一定的规律去分配资金。这种金字塔的结构使我们能够在面对股市的上下波动时，保持稳健。无论股市继续下跌还是有望反弹，这种资金管理方式都能帮助我们保持没有亏损的地位。通过科学的仓位管理，你的资金就会像一个坚固的金字塔一样，在面对股市的波动时具有坚实的防护墙。而如果你的判断足够准确，再加上对扳机点和底部区域的准确判定，那么你甚至还有机会从中盈利。

其实，这也是受到《三体》这部科幻巨作中一个片段的启发，三体文明派出的探测器——水滴，以其绝对紧密的原子排列结构，展现出了超乎想象的硬度。在与地球的星际战舰的对决中，水滴就像子弹穿透奶酪一般，轻松地毁灭了人类引以为傲的 2000 艘战舰。这一场景深刻地揭示了一个道理：坚固的内在结构是战胜外界挑战的关键。

将这一概念应用于股市投资，我们可以得到宝贵的启示：股民在股市中要想立于不败之地，就必须修炼好自己的"根基"，即建立起一套科学、严谨的仓位管理策略。正如水滴内部致密的结构使其坚不可摧，股民的资金管理也应当像金字塔一样层层递进，稳固而有序。在投资之路上，我们需要的不仅仅是技术和方法，更重要的是一种思想。通过金字塔建仓公式，我希望给大家传达的是一种理性、稳健的投资理念，从而拥有长期稳定盈利的能力。

第二节　设定公式前提

我们在前章"均价建仓法"中已经谈到，很多股民在操作下跌的股票时，选择加仓方式是摊平成本，但其缺点显而易见，不仅离回本空间越来越远，并且如果我们大量加仓，就几乎和全仓买入没有区别，显然这不是我们应该采用的建仓策略。

前面的章节中，我们也多次谈到"公式"的重要性，我们可以根据股票价格，其可能的下跌空间和幅度，来计算出在股价再次下跌时我们应该买入多少股票。这个公式将帮助我们找到一个最优配比，用以确保在可接受的下跌空间和幅度内，我们仍然能做到不亏损。但需要注意的是对于每只股票、每位投资者的资金量，其承受的风险程度和可容忍的亏损空间都是有所不同的。如果我们简单地告诉你在某股票上投资某个固定的数量，或是直接按照四倍、五倍或六倍的数量来分配你的投资，那么其结果可能并不适合你，也无法达到你的预期。

所以，公式的意义就在于此。希望每位投资者掌握了这套公式后，都可以根据自己的实际情况，找到最适合自己的投资方案。公式并不是唯一适用的，也不是一成不变的，而是根据你的情况有所不同的。并不存在一套适合所有人的投资方法，每个人的方案都会有所不同，这可以帮助你在投资过程中确保你的资金安全，这就是公式的价值。

运用这个公式的过程中，我们需要考虑以下要素，这也是我们在前面提到，搭建金字塔模型时必须关注的问题：

首先，我们要确定扳机点。这是非常关键的，因为如果最初的扳机点判断出错，那么后续的所有步骤都将很难进行。因为我们大多数人的资金是有限的，所以首次买入位置的选择十分重要。

其次，我们要判断股票下跌的底部区域有多大。这也是需要依靠技术分析，但这并不意味着我们必须一开始就知道精确的底部区域，因为股市不断在波动，我们需要的是找到一个安全的大概范围，并随着每次的市场变动逐步调整仓位。

然后，我们需要确定建仓的次数和建仓跨度，这取决于你的资金量和操作的可行性。

接下来我们需要根据资金量来确定买入的数量：第一次买多少，后续加仓多少。其中的倍数是我们需要确定的重要比例。找到这个倍数后，我们再确定期望回本的空间，是前面章节提到的 3%、4%，或是更高。

最后，我们需要确定出局策略：即在股票达到预期回本空间后，是选择马上卖出，还是持股观望。这些是我们在运用公式中必须认真考虑的关键问题。

为了更好地理解公式，我们首先要明确，成功推导出这个公式的过程并非简单的数学运算，首先需要三个假设作为基础，前章已经对三个假设进行了简述。本章在深入研究金字塔建仓公式前，我们应进一步对这三个假设有全面理解。

一、假设 1：建仓跨度固定

第一个假设是我们建仓的跨度是固定的，我们不能让两次建仓的距离过近，也不能让两次建仓的距离过远，这样做就会失去加仓的意义，因此我们需要确认建仓的固定跨度。

也就是说，一次建仓结束后，只有当股票下跌到预设的固定幅度时，我们才会开始下一次的建仓。这种设计比较符合我们前面谈到的"黄金分割扩展"法的特性。虽然在实际操作中它可能是一个动态变化的过程，会根据具体股票的情况有所变化，但在设定建仓模型时，我们需要先设定一个固定的跨度，方便代入公式找到最优的建仓方案。

二、假设 2：等距建仓

我们的第二个假设是等距建仓。后一次建仓的股票数量为前一次建仓股票数量的固定倍数。这个倍数可以自定，可以是 2 倍、3 倍、4 倍等，因人而异。然而，这个倍数也不能过大或者过小。如果倍数过大，虽然容易达到目标，但是会消耗大量的资金，而且还需要考虑后续如果再需要增仓的话，资金翻倍的压力会格外巨大。反过来，如果倍数过小，可能会难以达到预期的目标。所以我们需要找到一个最优的倍数，既不浪费资金，又能达到预期的效果。这个倍数即整个"稳赢"金字塔建仓模型的关键，在这里我们只取整数倍，当然实际操作中，这个数值也可以取小数，这种情况暂且不在本文进行讨论。

三、假设 3：回本或盈利空间

第三个假设是，每次建仓完成之后，只要股价反弹 3%，就应该能实现回本。

这是衡量这个模型是否成功的重要评判标准，我们不能让回本的难度随着建仓的进行而增加，同时，它必须是股价波动中非常容易实现的。这一指标并不是固定不变的，比如说，我愿意承受较大的风险，我的回本预期可能就会设置得较宽松，也就是百分比更高。反之，如果我不愿承受过大的风险，回本预期就应该设定得更严格，即百分比较低，股票只要出现这么小的反弹即可实现回本或盈利。在这里，我们暂且统一设定为 3%。

总的来说，这些假定前提是为了找到解决问题的公式，理清各要素之间的逻辑关系。公式的应用可以根据个人的实际情况和风险承受能力来设定，不是一成不变的。在明确了原理和公式的基础上，投资者可以根据自己的实际情况，调整策略，以实现最优的投资效果。

接下来，我们将详细讨论金字塔建仓公式的推导及应用。

第三节　读懂公式参数

为找到通用的建仓模型公式，我们将其中的关键变量设为字母，结合以上假定，以推导出不同变量之间的关系，找到适用于所有股票的公式。

我们设定：

初始建仓股价为 P

初始建仓数量为 X

建仓跨度为 a（股价下跌百分比）

等比建仓的倍数为 n

总建仓次数为 t

其中 $P > 0$；$X > 0$，且为整数；$0 < a < 1$；$n > 0$，且为整数。

由此，我们第一次建仓的股价为 P，买入股数为 X，可得第一次建仓成本为 PX。

此时由于建仓跨度为 a，那么第二次建仓的股价即为 $P(1 - a)$，第二次买入的股数为 nX，我们就能得到第二次建仓的成本为 $nPX(1 - a)$。

这时经过两次建仓，我们就能得出一个持仓均价。经前章节讲述，我们的持仓均价是非常重要的，这可以反映我们此时把持仓成本降低到了什么程度。那么持仓均价如何计算呢？我们到目前为止进行了两次购买，总持有的股票数量应该是这两次购买的数量之和，再就总投入的资金而言，应该是这两次建仓成本的总和。

所以现在将这两次建仓的成本相加，得 $PX + nPX(1 - a)$，再除以目前所持有的总股票数量 $X + nX$，经过约分后，就能得到此时的持仓均价为：

$$\frac{P + nP(1 - a)}{1 + n}$$

若此时股价再下跌的幅度达到 a，股价此时为第二次的股价再乘 $1 - a$，也就是 $P(1 - a)^2$，我们进行第三次建仓，购买的股数应为第二次购买的 n 倍，也就是 n^2X，此时可得第三次建仓的成本为 $n^2PX(1 - a)^2$。

为了推导出金字塔建仓公式的表达式，我们将以上三次建仓的情况以表格的形式更直观和清晰地展现：

表 4.3.1　三次建仓的建仓方案

建仓次数	建仓跨度 a	股价	股数	成本	持仓均价
第 1 次建仓		P	X	PX	
第 2 次建仓	a	$P(1-a)$	nX	$nPX(1-a)$	$\dfrac{P+nP(1-a)}{1+n}$
第 3 次建仓	a	$P(1-a)^2$	n^2X	$n^2PX(1-a)^2$	$\dfrac{P+nP(1-a)+n^2P(1-a)^2}{1+n+n^2}$
……	……	……	……	……	……

以此类推，经过多次建仓后，我们的总建仓次数为 t，此时的股价、股数和总成本均有通式表达，如表 4.3.2 所示：

$$总成本 = PX + nPX(1-a) + n^2PX(1-a)^2 + \cdots + n^{t-1}PX(1-a)^{t-1}$$

现在已经找到了股价、股数和总成本的表达式，接下来我们要找的就是"回本空间"。如前章所述，回本空间代表股价需要反弹多少我才能回本，计算方式是当前的持仓均价减去现在的股价，再除以现在的股价，就能得到回本空间。

假设现在我们希望的回本空间小于等于 3%，它是一个范围，而不是一个具体的数字。我们希望的一定是回本的速度越快越好，需要的回本空间越小越好，因此我们此处设定 3% 是作为最大的临界点。

所以，接下来我们要计算持仓均价，使其小于等于 3% 的回本空间，也就是：持仓均价≤股价＋股价 ×3%。我们现在计算一下。

表 4.3.2　t 次建仓的建仓方案

建仓次数	建仓跨度 a	股价	股数	成本	持仓均价
第 1 次建仓		P	X	PX	
第 2 次建仓	a	$P(1-a)$	nX	$nPX(1-a)$	$\dfrac{P+nP(1-a)}{1+n}$
第 3 次建仓	a	$P(1-a)^2$	n^2X	$n^2PX(1-a)^2$	$\dfrac{P+nP(1-a)+n^2P(1-a)^2}{1+n+n^2}$
……	……	……	……	……	……
第 t 次建仓	a	$P(1-a)^{t-1}$	$n^{t-1}X$	$n^{t-1}PX(1-a)^{t-1}$	$\dfrac{P+nP(1-a)+n^2P(1-a)^2+\cdots+n^{t-1}P(1-a)^{t-1}}{1+n+n^2+n^3+\cdots+n^{t-1}}$

由上表可知，第 t 次建仓时股价为：

$$P(1-a)^{t-1}$$

那么，第 t 次建仓后的持仓总股数为：

$$X + nX + n^2X + n^3X + \cdots + n^{t-1}X$$

同理，第 t 次建仓后的持仓总成本为：

$$PX + nPX(1-a) + n^2PX(1-a)^2 + \cdots + n^{t-1}PX(1-a)^{t-1}$$

为保证第 t 次建仓后股价反弹 3% 即可实现回本或盈利，则需要第 t 次建仓之后的持仓平均价格减去第 t 次建仓时的股价，能够小于等于第 t 次建仓时的股价的 3%，

代入得到：

$$\frac{PX + nPX(1-a) + n^2PX(1-a)^2 + \cdots + n^{t-1}PX(1-a)^{t-1}}{X + nX + n^2X + n^3X + \cdots + n^{t-1}X}$$
$$\leqslant P(1-a)^{t-1}(1+3\%)$$

当以上的表达式化简完成后，就得到了最终的公式，我们称为"出手制胜的建仓公式"。

最终公式为：

$$\frac{[n^t(1-a)^t - 1](n-1)}{[n(1-a) - 1](1-a)^{t-1}(n^t - 1)} \leqslant 1.03$$

希望各位投资者可以理解，当你得到确定的公式后，如果你不太清楚怎样去计算它，或是如何将各项代入去化简公式也没有关系，本节的目的是想让各位投资者明白公式的结构和推导，至于计算过程并不是我们关心的重点。

由此公式可以看出，要达到理想建仓效果（即每次建仓后股价反弹 3% 即可实现回本或盈利），数据之间的逻辑关系与初始建仓股价 P、

初始建仓数量 X 无关，但实践中由于这两项受资金量的限制，仍然需要给予考虑，我们在运用公式时，只需找到给定建仓跨度 a、建仓次数 t，以及可使不等式成立的最小 n 值，即等比建仓所应取的倍数，就可以得到相应的建仓方案。

第四节　理解公式应用

了解了公式的参数及其推导过程后，接下来我们代入具体的数字，来看一下公式的运用。

如前文所述，我们先要通过相关技术分析确认扳机点，并大致判断底部区域。由于建仓次数受具体股票底部区域宽度和资金量的限制，我们只能先暂定一个预计建仓次数，代入公式，分别给出不同建仓次数对应的建仓方案，再根据具体情况进行选择。

假设我们确认某只股票的建仓跨度为 10%，预计建仓 5 次。则 $t=5$，$a=0.1$，代入公式可得：

$$\frac{[n^5 0.9^5 - 1]\,(n-1)}{[0.9n - 1]\,0.9^4\,(n^5 - 1)} \leqslant 1.03$$

由于这是一个高次多项式不等式，求解它的确切解可能会比较复杂，因此我们采取数值代入法，通过代入不同的 n 值，来逐步逼近满足不等式的最小 n 值。当然也可以使用编程语言，如 Python，来实现这个过程。

在这里我们假定 n 为正整数。当然，n 也可取小数，但在这里先不展开讨论，感兴趣的投资者可以进行更深入地思考。我们分别将 2 到 5

的正整数代入 n，得到如下结果：

表 4.4.1　建仓倍数 n 的代入结果

n	代入公式计算结果（近似值）	不等式是否成立
2	1.09983	否
3	1.05579	否
4	1.0378	否
5	1.0283	是

由此可以发现，随着 n 的增大，不等式左侧的计算结果递减，5 是使不等式成立的最小 n 值。

即在确定建仓跨度为 10%，共建仓 5 次的情况下，想要实现每次建仓后股价反弹 3% 即回本的目标，以 5 倍的比例等比建仓为最优建仓方案。

建仓方案如下表所示：

表 4.4.2　建仓倍数 n 等于 5 时的建仓方案

	建仓跨度 a	股价 P	股数 X	成本（万元）	持仓均价（元）	回本／盈利空间
第一次建仓		100	1000	10		
第二次建仓	10%	90	5000	45	91.667	1.85%
第三次建仓	10%	81	25000	202.5	83.065	2.55%
第四次建仓	10%	72.9	125000	911.25	74.919	2.77%
第五次建仓	10%	65.61	625000	4100.625	67.469	2.8%

我们看到，此方案已完全满足建仓回本的期望，每次建仓后回本或盈利的空间都小于 3%，也就是说，只要你始终按照这样的比例去建仓，那么每次建仓后，只要股价有一个 3% 以内的小幅反弹，你都能回本。

当然，这里我们讲的五次建仓是极端的情况，根据心理承受能力和资金量，很多股民的建仓次数通常是 3 次左右。该案例中，如果你第一次投入 10 万购买了 1,000 股，那么到了第五次建仓时，你需花费的资金已经达到了 4000 万。所以，请你思考一下，你的资金量是否能覆盖到这么多。因为如果你一开始投入太多，那么你后续需要投入的资金也会越来越多。如果你一开始就投入的资金较少，那么即使你的资金量只有 200 万，到了第三次建仓，你同样可以满足 3% 回本的要求，而且，我们可以看到，200 多万的资金量就可抵抗 20% 大幅度的下跌。

本章的目的就是希望通过建仓方案计算，看到资金量到达哪个水平时，我们的建仓次数和建仓跨度，以及建仓的空间大概是多少。当然，不同的股票是不一样的，因为你买的股数不一样，成本自然就不一样。至于何时卖出，这就需要看股票是否有反弹，或者是否有反转的迹象了。如果你对这只股票有信心，那你就可以选择继续持股待涨。

我们通过这种建仓方案，可以科学地去建仓，并且在一开始就去判断资金量是否能覆盖到这么大幅度的下跌。只要资金量可以覆盖，那你就可以按照这样的比例去建仓。

大家在实际建仓时，一定会纠结股价到了某个买点或卖点，应该如何操作的问题。在此，我想向大家介绍反弹与反转的区别。我们在前章关于管道线的讨论中已经提到过，如果股票价格只是触及管道线的下轨，那只能称之为反弹，反弹的目标位就在上轨的位置。如果突破上轨，那股票价格就有望形成反转，出现趋势的改变。

以图 4.4.1 苹果公司股票为例，我们可以根据下降管道线以及其五浪走势来进行说明。这是苹果公司股票在 2023 年 4 月到 12 月的走势图，通过图中标注的管道线，我们可以预判股票的目标位。

可以利用我们前章谈到的"共振"原则，看到当股价首次下探到有显著结构 9 的缺口以及位于下降管道线边缘的位置时，可以进行操作。在后续的走势中，每一次股价触碰到下轨，或者遇到有缺口的支撑，都是关键的转折点。

那么，在遇到这样的支撑时，股价到底是会形成反弹还是反转呢？我们要怎样提前判断呢？

图 4.4.1 苹果公司股票走势图

　　一个关键点就是我们提到的波浪理论。通常情况下，到了第 5 浪，股价形成反转的概率会更高，后续该股果然突破上轨，形成了大幅的上涨。

　　此外，面对这种情况，第二个方法就是利用我们本章提到的分仓策略进行操作，无论股票是反转还是反弹，都可以在出现机会的位置建仓。因为即使它只是一个小反弹，也大概率反弹幅度能超过 3%，因此我们一定能实现盈利。如果你希望科学地降低投资成本并操作一只有价值的股票，就可以使用分仓策略。

　　如果你在某一地方遇到了一个重仓点，那么你就在这个地方买入一部分股票。接下来股票反弹了 3%，那你就已经盈利了。当一个有价值的股票在前期下跌之后，如果能出现一个有效的反弹，甚至能形成反转，那么当它突破关键的位置的时候，它再上涨的空间和时间都是非常可观的，正如苹果这只股票，走出结构 9 并触碰到下轨后，上涨空间达到 20%，时间从 10 月 27 日至 12 月 14 日，上涨持续了近 2 个月。

　　通过以上苹果公司股票的实例，可以给大家介绍一个概念，即"反转的三三原则"。苹果这只股票，我们前面通过下降管道线预测其目标位置，还利用了先前讨论的"共振支撑原则"来找出关键的支撑位。每次触及下降路径线的下轨线或遇到缺口支撑都是关键的位置。而在这些关键位置上，我们需要判断的是股票是否会产生反弹或是反转。反转的三三原则主要是针对有价值的股票。当这类股票在前期下跌之后，如果能出现有效的反弹，甚至形成反转，并且一旦突破关键的位置，那么该股票上涨的空间应至少有 30%，并且这个上涨趋势应持续 3 个月。这就是反转的三三原则。也就是说，我们在进行股票交易时，除了关注反弹和反转的可能性之外，还需要对股票反转的空间和时间有一个预期。

因此，如果你能在底部适时建仓，那么当股票出现了有效的反弹或反转，你的盈利将会非常可观。通过刚才所讲的建仓方案，我们看到如果你能有计划地进行投资，在每个阶段都细心地进行判断和操作，那么你就可以一步步地实现稳定的盈利。经过这样的操作，你会发现你的成本非常低，因为你的每一次操作都尽可能保障了自身的安全，确保了每一步都能风险最小化。然而，如果你将所有资金一次性投入，那么一旦股价下跌，你就没有任何应对措施了。

本章结合出手制胜的金字塔建仓公式进行分仓操作，不仅保证了每次操作的安全性，在股价下跌时能够有自救的手段，而且能提高盈利的可能性，它能让你的收益大幅提高。

第五章

实战解析：股票深跌，如何扭亏为盈

在股市中，有时我们可能会遭遇一种状况——持股被深深套牢，原本如虹的盈利预期成为过眼云烟。在这种情况下，我们应该如何利用策略，将亏损翻盘，甚至实现盈利呢？

本章将以 A 股市场为例，它更是一片波涛汹涌的海洋，尤其是在 2023 年，股指长期在 3000 点附近展开激烈的"保卫战"，投资者加倍警惕、小心翼翼。在此背景下，要在股市中获利或是保证不亏损，无疑是一项艰巨的任务。但是，如果我们能找到具有价值的股票，并采用适当策略，这个目标并非不可能。

举例来说，我曾关注到 A 股市场的"宁德时代"股票，因为从基本面看，宁德时代是全球最大的电动汽车电池生产商，目前的市值已超过全球最大的汽车厂商丰田汽车，自 2018 年上市以来，公司股价飙升超过十倍，可以说是具有价值的股票。但股市的意外不可避免，我曾以为自己在低价入市，却没想到被高位套牢，买入后本轮跌幅超过30%。

图 5.1　宁德时代股票走势图

通过本章，相信各位读者能够对本书讲解的建仓法有更深入的认识，我将结合实战为大家讲解。该建仓法并不是一套完全固定的模式，而是需要根据市场波动和个人具体情况做动态调整。本章将重点讲解我是如何用"金字塔建仓策略"进行自救，在被深套的困境下实现翻盘盈利的。

第一节　实战交易概述

本章分享的是我在 2023 年亲身经历的真实交易案例，图 5.1.1 显示了我自己账户下的一小部分交割记录。

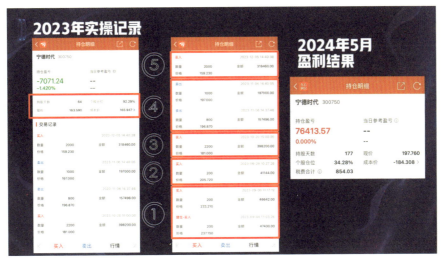

图 5.1.1 宁德时代股票操作交割单

首先要说明为什么要选这只股票，因为我一直奉行的就是价值投资的策略，侧重于选择那些价格低于其内在价值的股票，并长期持有以获取投资收益。这种策略的重要性在于它能够帮助投资者抵御市场的短期波动，专注于公司的基本面和长期增长潜力。价值投资的核心理念是"买入价值，而非价格"，它强调对公司的深入分析和理性判断。那么如何判断一家公司是否真正具有价值呢？我们可以从以下几个方面来判断：

1.基本面分析：评估公司的财务健康状况，包括盈利能力、财务稳定性、增长潜力等。

2.估值分析：通过计算市盈率（PE）、市净率（PB）、股息率等财务指标，判断股票是否被低估。

3.行业地位：分析公司在其所在行业中的地位，包括市场份额、竞争优势、品牌价值等。

4.管理团队：评估公司的管理层能力和战略方向，因为优秀的管理团队能够带领公司实现长期成功。

5.宏观经济因素：考虑宏观经济趋势和政策环境对公司及其所在行业的影响。

有价值的公司通常具备几个关键特质：它们可能拥有独特的技术优势、品牌忠诚度、市场领导地位、稳健的财务状况。这些特质使得它们能够在市场逆境中保持竞争力，并在经济回暖时迅速反弹。此外，这些公司往往拥有良好的管理团队，能够在变化的市场环境中制定有效的战略决策，引导公司持续向前发展。

具体到"宁德时代"这家公司，它成立于2011年，是国内率先具备国际竞争力的动力电池制造商之一，市值7165亿元，专注于新能源汽车动力电池系统、储能系统的研发、生产和销售，致力于为全球新能源应用提供一流解决方案，核心技术集中在动力和储能电池领域，拥有材料、电芯、电池系统、电池回收二次利用等全产业链研发及制造能力。2017年该公司动力锂电池出货量全球遥遥领先，达到11.84GWh。已与国内多家主流车企建立合作关系，并成功在全球市场上占据一席之地，也成为国内率先进入国际顶尖车企供应链的锂离子动力电池制造厂商。

宁德时代通过在资本市场的多轮融资和上市，不仅巩固了其在动力电池领域的全球领导地位，而且积极拓展了储能业务、换电技术、电池研发、国际合作与科研创新等多元化发展路径。公司与国内外多家行业领导者的战略合作，以及在5G智慧工厂和绿色制造的前瞻布局，展现了其对推动全球新能源汽车产业发展和能源转型的深远影响。宁德时代的业务方向体现了其对技术创新和可持续发展的坚定承诺，同时也彰显了其在全球市场竞争中的核心地位和引领作用。

即使对于那些拥有坚实业务基础和清晰成长路径的公司来说，其股价也难免会遭遇短期的市场波动和下跌。这种短期的价格调整可能受到多种因素的影响，包括宏观经济的不确定性、行业特定的挑战、市场情绪的变化。然而，当聚焦于长期趋势时，我们可以发现，这些有价值的公司往往能够展现出强大的恢复力和增长潜力，而这考验的就是我们的甄别能力，以及抵抗下跌的耐力和持久力。我们看巴菲特几只赚大钱的股票，刚开始也都是出现浮亏的。比如，1972 年买华盛顿邮报，到 1974 年年末投资额由 1062 万美元缩水为 800 万美元，1978 年才"解套"，到 2006 年年底，巴菲特当初的 1062 万美元已经增值为 12.88 亿美元，持有长达 33 年，投资收益率高达 127 倍。还有，投资富国银行，前两年也没有赚钱；买入美国运通后，持有 4 年后股价横盘，差点儿处理掉，据说打了一场高尔夫球才改变了观点；40 美元买入可口可乐，跌到 20 美元见底，而如今已经超过 60 美元。在这个过程中也并不是一味持股等待，而是利用股价的波动调整仓位，始终让自己处于更有利的位置。

从历史的角度来看，许多被时间证明的优质企业都曾经历过股价的短期下跌，但最终它们的股价都随着公司业绩的增长而回升，甚至创下了历史新高。因此，对于投资者而言，理解并接受短期波动是投资旅程的一部分，同时保持信心，关注公司的基本面和长期潜力，是实现长期投资回报的关键。

总之，对于有价值的公司，短期的股价下跌不应被视为长期趋势的反映，而应被视为市场提供的潜在入市机会。通过深入分析和耐心等待，投资者可以利用这些波动来增加自己的投资组合价值，最终在长期趋势中获得可观的回报，这也是我能够在 2023 年整体大盘下跌的大环境下坚定持有这只股票并扭亏为盈的原因。

该示例账户中只有一只股票，就是宁德时代。我从 2023 年 9 月份开始投资该股，第一笔买入价位为 237 元，买入后就遇到了大幅的下跌，最低一度跌到了 140 元，跌幅超过 40%，这本是遇到的一个意外，通过使用金字塔建仓模型的加仓操作，成功自救，在反弹时股价就已经回到持仓成本，首先保证了资金的安全，随后又在股价回升后获得了更大的盈利。到 2024 年 5 月，已经卖出了大部分仓位，盈利为 76413 元，到写本书时，宁德时代股价已经到了 200 左右。当然，能够实现这样的效果，除了科学的分仓系统，也是建立在价值投资的基础上，因为对于大环境和股票价值的把握才能继续持仓，等待更大的收益。假如对股票的价值并无太大把握，就可以在反弹回本时及时出局，保住本金最重要。

具体操作是这样的：从 2023 年 9 月开始，大致进行了五个操作步骤。第一次是 2023 年 9 月 4 日和 9 月 6 日，共买入 400 股；第二次是 2023 年 9 月 26 日，买入 200 股；第三次是 2023 年 10 月 20 日，为降低持仓成本，买入 2200 股；第四次是 2023 年 11 月 6 日，股价有所反弹，共卖出 1800 股；第五次为 2023 年 12 月 5 日，股价再次走低，买入 2000 股。

接下来，我将具体分享五次操作背后的投资思维、买卖决策，以及每次操作对我的收益影响。你会明白，每一次的"买进"或者"卖出"，都应是经过深思熟虑的投资决策。希望本章真实的操作记录能够提供给你实际的参考，更好地运用建仓思维和金字塔建仓策略，把握股市的机会。

第二节　扭亏为盈的建仓操作

第一笔交易：2023 年 9 月 4 日、9 月 6 日共买入 400 股

对于宁德时代股票的第一笔买入是在 2023 年 9 月 4 日，我们从这一场交易的开始，探讨在此过程中如何实现扭亏为盈，不仅要保障资金的安全，还要尽可能获得更大的盈利空间。

图 5.2.1　宁德时代股票第一笔买入操作

2023 年 9 月 4 日，宁德时代的价格为 237.15 元，可以看到我首先买入了一小部分，即 200 股。这只是一个小小的试水，因此 9 月 6 日，股价下跌到 233.21 元时我又买入了 200 股。这可以视为我第一笔交易，

总共买入 400 股，在价格相近的区间内进行了买入。

那么，我为何会在此时选择购买呢？大家都能看到，那时的指数还处在下降过程中，大环境并不乐观。然而，此时许多自媒体人士都在发表一些关于股市看法的文章，鼓励大家要有信心并积极操作，并且就宁德时代这只股票来说，图中标注的买入位置也在这只股票的上升趋势中。而且，你可以看到前面出现了一根大阳线，此时股价也即将接近上升通道下轨。所以我选择在这里进行了一小笔交易，因为我预期即使这只股票后期会下跌，至少遇到下轨支撑也能有一个反弹。

然而，股市中的波动和意外总会出现。我发现这只股票在我第一次买入后迅速下跌，甚至没有任何反弹的迹象，而是迅速跌破下轨，持续下行，如图 5.2.2 所示。

很多投资者面对这样的情况，可能已经选择止损了，但我们前面已

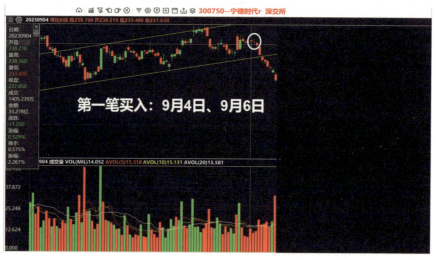

图 5.2.2　宁德时代股票第一笔买入后的股价走势

经讨论过，金字塔建仓法是一种自救策略。即使面临逆境，我们仍有足够的策略和操作空间来化解风险，扭转局面。

第二笔交易：2023 年 9 月 26 日买入 200 股

9 月 26 日，股价首次跌到前期低点附近，也到了黄金分割 1.191 的支撑位附近。但这个位置能否支撑住，我们就需要观察市场的动向了。

图 5.2.3　宁德时代股票第二笔交易价位

我第一次买入时的价格是 235 元左右，而第二次买入的价格是 205.7 元，你可以计算一下这两个价格的比例，大概是 10% 的范围。那为什么我会选择在这里买入呢？原因有两个，首先是这里刚好是我们提到的支撑位，可能会有反弹出现；其次，此时的价格间距已经到了我预期的建仓跨度，是可以来拉低一下成本的。

实际上第二次买入后股价走势如何呢？我们再来看宁德时代9月26日以后的股价走势图。

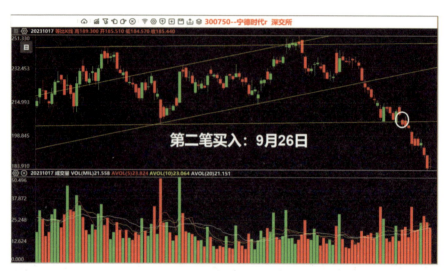

图 5.2.4　宁德时代股票第二笔买入后的股价走势

如图 5.2.4 所示，第二次的买入后价格并没有反弹反而继续下跌，出现了快速下行的走势。这时就需要我们注意到第三次买入的数量，因为到了第二次买入后，股价的下跌速度明显加快，我们在这时需要注意后续的加仓数量，根据股价和市场态势进行实时的分析和判断，不能只是单纯地看价格。

第三笔交易：2023 年 10 月 20 日买入 2200 股

后续股价加速下跌，在这个时候，你可以清晰地看到股价已经走出了一个下降通道，如图 5.2.5 所示。

图 5.2.5　宁德时代股票第三笔交易价位

当我们标出下降轨道后，我们的目标位应该在哪里呢？当股价打到下轨时，正是 10 月 20 日，股价下跌到了 180 元，我在这里直接进行了第三笔交易买入了 2,200 股。购买后的成本将达到多少呢？当时已经将成本价格拉到了 190，这一点非常重要。这也就是我曾经跟大家讲过的比例问题。买得越多的股数就越好吗？并非如此，还有一个最优比例需要你根据公式、资金量和你的风险承受能力来确定。

进行第三笔交易之后，宁德时代走势如何呢？

如图 5.2.6 所示，10 月 20 日买入后，股价很快就跌破了下轨，随后出现了一个小幅的反弹。

各位投资者也注意到了，到该价位我进行了大量的加仓，一定有人会问为什么我可以如此确定，当股价跌破下轨就大量买入呢？因为在之前的下跌过程中，股价一直都没有出现过像样的反弹，其下跌速度非常

之快，所以我判定 10 月 20 日大概率将出现反弹。此时买入后，我的成
本价已经从最初的 235 元拉低到了 190 元。

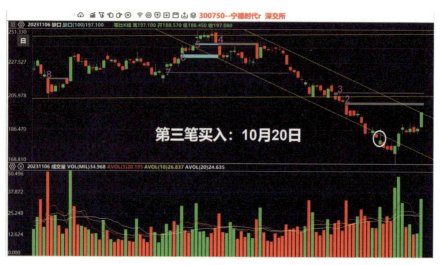

图 5.2.6　宁德时代股票第三笔买入后的股价走势

在这个过程中，我不断降低成本，其走出后续的反弹后，我实际上
已经盈利了。各位投资者也可以思考一下，在这个时候是应该卖出，还
是持股待涨呢？

可能有人认为，如果我只是因为反弹了 3%，回本后立即卖出，那
之前所有的努力就全部浪费掉了，虽然股价如此下跌，但并没有亏钱，
并不认为出局是此时最佳的策略，宁德时代作为一只有价值的股票，实
际上还有机会博取更大的收益。也一定会有投资者认为，我们本书探讨
的是资金的安全及风险最小化，在此时回本后，就可以考虑分批卖出了。
实际上，两种思路都可以考虑，后续的操作还是要回归对于市场走势的
判断以及个人的资金量。

第四笔交易：2023 年 11 月 6 日卖出 1800 股

可以看到上一节我为大家展示的交割单，11 月 6 日是选择了大量卖出的。你可能会好奇，为什么我选择在这个位置进行卖出？

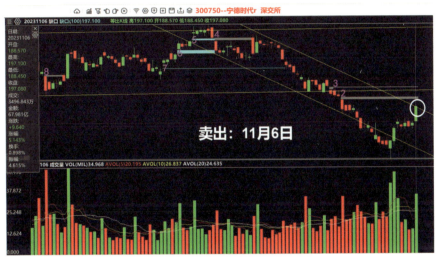

图 5.2.7 宁德时代股票第四笔交易价位

选择卖出的原因很简单，如图 5.2.7 所示，股价在碰到下降通道线上轨时就是一个明确的卖点。因此，当价格触及下降通道的上轨时，我果断卖出了大部分股票。

我们可以再看 11 月 6 日当天该股的走势（图 5.2.8），也就是我卖出的具体位置。

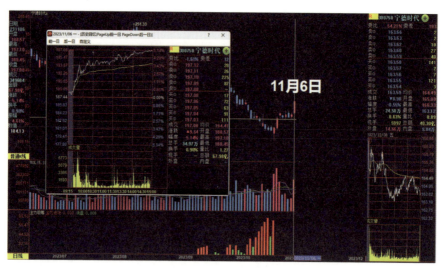

图 5.2.8　宁德时代股票 11 月 6 日分时图

其实在这一波反弹出现之前，在股价下方就出现了明显的主力吸筹信号，11 月 6 日大阳线出现，那天股价走势很强劲，最高触达 197 元，而我是在接近收盘时卖出的，是在接近最高价的时候，197 元附近，卖出了 1800 股。

随后股价走势如何呢？我们可以看下 11 月 6 日后宁德时代的走势。

如图 5.2.9，我们在宁德时代反弹至 197 元时果断卖出 1800 股后，紧接着股价便出现了一路下跌的情况，这也说明我们几乎是在股价反弹到最高点的时候做出了正确的卖出决策。

当然，这一笔的卖出操作也涉及如何寻找最优的出货策略。

这时候面临几种选择：

一种是全部卖出股票，因为此时我们的持仓成本已经到了 190 元，那么每股能收获 7 元的盈利，共获利 19600 元。如果股价后续继续上涨，那将错过更大的盈利机会。

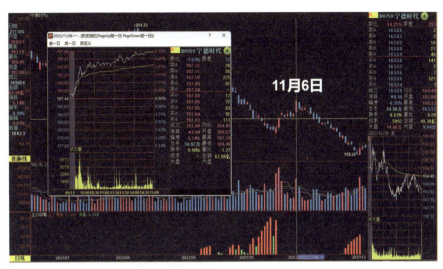

图 5.2.9　宁德时代股票第四笔交易卖出后的股价走势

　　再一种选择是不卖出，但这样的风险就是股价很有可能在该点继续下跌，错失回本的好机会。

　　最后一种是部分卖出、部分持有，这就需要在这里计算出最优的出货策略，也就是当已经回本了，该如何操作才能避免风险，又能尽可能不错过后续的利润空间。我在这一次的卖出就是用了这一种方式，这一次的部分卖出是非常关键的一步，为我的整体资金回了大部分血，也帮我把持仓成本打到相当低的位置，为我提供了抵御后续下跌风险的可能。

　　因此，判断出货点也是很重要的一部分，相反的，也可以用于预判大概率会遇到的上涨阻力目标位，当学完了本书所讲的分批建仓策略后，利用分仓策略分批出货，这部分不作为本书重点讲解的内容。

　　根据前章，大家也一定对金字塔建仓法的思路有了一定的了解，所有的操作全部需要根据个人的资金量提前做好规划，再根据市场走向做动态调整才能达到期望的效果。

第五笔交易：2023 年 12 月 5 日买入 2000 股

读到这里，可能有的投资者最好奇的就是第五笔操作，为什么要在股票继续深跌到这个位置后大量买进，加仓后股票到底是怎样的走势？接下来，我们就来一起分析这次交易。

我在 12 月 5 日再次做出交易，这是一笔非常关键的买入。这次买入的具体位置是哪里呢？我们这次在价格为每股 159.23 元时买入了 2,000 股，买入后我们平均持仓成本已经被拉低到了 165.9 元。买入的位置如图 5.2.10 所示。

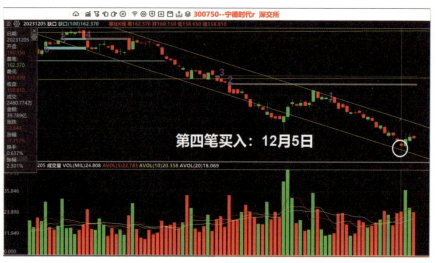

图 5.2.10 宁德时代股票第五笔交易价位

如图 5.2.11，12 月 5 日当天宁德时代的走势图，你会看得更加清晰。

图 5.2.11　宁德时代股票 12 月 5 日分时图

　　12 月 5 日买入的价格是 159.23，根据当天的股市走势，我是在接近收盘时买入的，为什么把该位置作为扳机点呢？因为在图 5.2.11 中我们可以看到当天股价下方出现"主力吸筹"指标信号，且不止一根，这个判断扳机点的方式也是我们在第二章为大家提到的。当天买入的价格几乎是到了当天市价的最低点。

　　紧接着，我们来看看为什么我们会决定买入。首先，我们看一下它在历史上每一次出现主力吸筹的位置（图 5.2.12）。你会发现，这些低点的出现位置往往是在接近主力吸筹的位置。

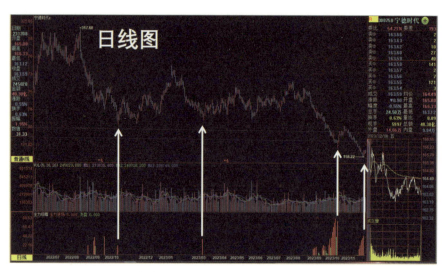

图 5.2.12　主力吸筹指标在宁德时代股票中的应用

　　然后我们再来看该股的周线图（图 5.2.13）。在周线图上，我们可以看到这家公司历史上仅在 2022 年出现了一次主力吸筹，随后就开

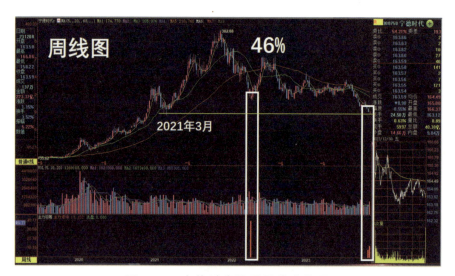

图 5.2.13　宁德时代股票周线走势图

启了 46% 的上涨空间，而在 12 月 5 日，又出现了主力吸筹的指标信号，而且股价刚好回落到前期（2021 年 3 月）的低点附近，因此股价可能会受到一定的支撑，出现上涨。

因此，我们在这个位置买入的原因就是有主力吸筹的迹象，同时，它的价格已经接近之前的低点了。所以考虑到这个股票有可能反弹的情况，我决定在这个时候进行买入。

接下来，我们来看看买入后的结果。

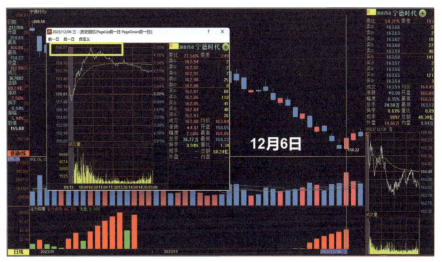

图 5.2.14　宁德时代股票 12 月 6 日分时图

在我们第五次交易后的第二天，也就是 12 月 6 日，我们看图中黄色方框标沣的位置，股价到达的最高点是 166.77 元，这时已经超过了我们的成本价 165.9 元，所以，我们是在买完后第二天就实现了回本。

我们此时应该考虑的问题就变为下一步该怎么盈利了。

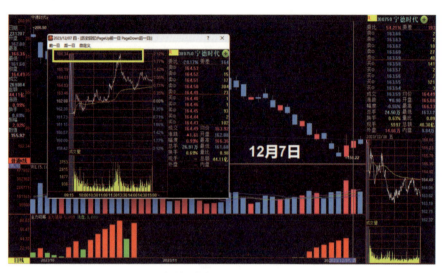

图 5.2.15　宁德时代股票 12 月 7 日分时图

　　接着，我们来观察 12 月 7 日的走势（图 5.2.15）。我们可以假设，如果在 12 月 6 日由于股价的突然上涨而没有卖出，可以在 12 月 7 日这一天继续关注该股走势，以进行后续操作。

　　12 月 7 日当天，宁德时代最高价格为 166.34 元，再次达到我们的成本线。如果错过了 12 月 6 日的卖出机会，在 7 号这一天同样可以实现回本出局。

　　最后我们再看 12 月 8 日宁德时代的走势图（图 5.2.16）。在这一天，股价在 163 元至 166.66 元之间，依旧超过了我们的成本价 165.9 元。

　　看完前五次的交易及其后三天的走势后，我们需要思考虽然在这三天里，股价都有达到我们的成本位，我们应该如何去对待？回本时应该全仓出局吗？最优的出局策略是什么？为什么我没有选择在价格上涨到成本位时就全部卖出？

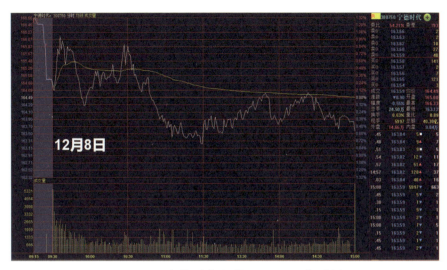

图 5.2.16　宁德时代股票 12 月 8 日分时图

　　我们需要关注的是接下来的可能走势和盈利空间。按照前文讲过的管道线理论，在这里，股价反弹的第一目标位就是下降通道线上轨，我们可以看到右上角预测的目标位是 172，假设股票价格突破了我们的第

图 5.2.17　宁德时代后续操作第一目标位

一目标位——上轨位置 172 元，我们至少能盈利 1.8 万。

如果宁德时代股价继续上涨到第二目标位——上方 201 ～ 202 元的缺口位置，我们则至少可以盈利 10.2 万。

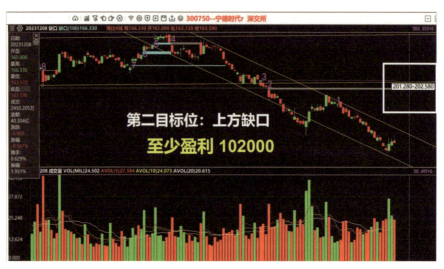

图 5.2.18　宁德时代后续操作第二目标位

因此，在 2023 年通过以上分仓操作，将成本大幅拉低之后，我就已经确认股票进入了筑底阶段，而且上方 201 ～ 202 的缺口对于股价有很大的吸引力，因此，我并没有选择在股价回到成本线时保本出局，而是继续持股待涨。直到 2024 年 5 月，股价果然顺利回到了这个目标位，就在这里我选择大幅减仓，只留了极少资金以观后市。目前这只股票的盈利已经超过了 7 万元，由最初的亏损 30% ～ 40%，成功扭亏为盈。

图 5.2.19　宁德时代后续走势

　　而且，最重要的是我投资的本金并不是很大，在这只股票中的总资金最多不超过 60 万元，但是通过对资金及仓位进行合理的规划，它却可以抵御将近 40% 的下跌而做到毫发无损。相信读者中一定有比我这次交易的资金量大得多的投资者，那么你能够抵御多大程度的下跌呢？而又有多少人从来都没有关注过仓位的运用，每遇到危险就只会被动割肉，白白浪费了大量资金呢？因此，股市中永远不会缺机会，我们需要做的是如何设法让自己活得更久一点，即使遇到危险，也能保住根本，待到转机到来的那一天，这才是大资金机构能够屹立不倒的核心秘诀。

　　通过以上对于宁德时代股票五次交易的详细分析，相信各位投资者已经进一步感受到了资金及仓位管理的神奇之处。

　　我们再来回顾和总结一下。

首先，就像在任何投资决策中一样，我们需要厘清我们的投资目标和风险承受能力。眼前的宁德时代股票，我选择进场的理由是它的稳定业务前景、全球电动汽车市场的快速增长以及其行业领导地位。然而，成为优质的股票并不等于成为良好的交易候选者，我们需要用更具体的策略来处理我们的交易。

在实际操作中，我使用的正是"金字塔建仓策略"。这种策略的基本思想是在股价下跌时加大买入力度，以降低整体持有成本。我在最初买入 400 股后，并未立即看到想象中的上涨，而是面临股价的波动和下滑。在先后两次加仓后，我成功地将持股成本降到了 165.9 元，这大大降低了我在股价反弹时实现盈利的难度，本次对于宁德时代股票建仓操作的资金总共用了不到 60 万元。

然后，各位投资者一定都清楚，成功的投资并不仅仅是买入，卖出也同样重要。在股价上涨到可以盈利的位置时，我并未急于一次性清仓，而是部分卖出，留下部分股票继续持有，以期待更高的收益。这样的倒金字塔式卖出策略，既能保证部分收益的实现，又可以留有后手，应对后期市场的变化。

最后，投资就像航海一样，我们要准备好迎接任何风浪。在我刚刚卖出部分股票后，股价再次走低，我没有被此打倒，而是抓住这个机会再次买入，进一步降低了成本。最终在股价反弹后，我成功地扭亏为盈。

因此，在面临股价下跌的困境时，我们可以利用金字塔建仓策略来降低成本，通过精细计算和操作，无论在何种行情下，我们都能把握住机会，实现盈利。而且，我们的策略不仅能扭亏为盈，更能在回本基础上赚取更多的利润。而这背后，我们需要充分理解并信任所投资的公司，做出有依据的投资决策，同时也需要有足够的耐心和勇气，面对市场的不确定性。

第六章

金字塔建仓模型方案优化

通过前文，我们已经清楚了搭建建仓模型的要点以及具体实战应用方法。但是在具体实操中，还是会因人而异，公式的作用是通过已知条件给出理论上最优的建仓方案，而实际上，哪一种建仓方案更适合自己，可以根据个人的偏好进行优化调整。

在深入讨论金字塔建仓模型的优化策略之前，我们首先回顾一下第四章中的案例：在这个案例中，我们应用了金字塔建仓公式，得出最佳建仓倍数 n 为 5，并分五次进行建仓，其建仓结果如表 6.1：

表 6.1　应用金字塔建仓公式五次建仓的结果

	建仓跨度 a	股价 P	股数 X	成本（万元）	持仓均价（元）	回本／盈利空间
第一次建仓		100	1000	10		
第二次建仓	10%	90	5000	45	91.667	1.85%
第三次建仓	10%	81	25000	202.5	83.065	2.55%
第四次建仓	10%	72.9	125000	911.25	74.919	2.77%
第五次建仓	10%	65.61	625000	4100.625	67.469	2.8%

表 6.1 展示的是第四章我们讲到的建仓方案。通过计算可以看出，就其回本空间而言，这个方案完全满足了我们的要求，因为在每一次建仓后，回本空间都保持在 3% 以下，是一个比较理想的建仓方式。

虽然我们谈到本方案的第四次、第五次建仓是极端情况，但有时候也不免会遇到这样类似的情形，某只股票在你进行了三次建仓后，仍在持续下跌，这时如果你还保持以五倍的比例等比建仓，所需要的资金量就会显著增加。正如我们前三次建仓时，我们用 202.5 万元的资金就解决了股价下跌 20% 的情况，但是如果股价再继续下跌，到第四次建仓时，所需的资金就会攀升至 900 多万元。如果下跌继续，第五次建仓所需的资金将会达到 4000 多万元。在这种情况下，我们就面临一个现实的问题：我们的资金量是否足够支持这种极端的情况？

根据金字塔建仓模型的原理，该建仓方案的回本空间是非常理想的，但单就资金量来说，这样的方案对一些投资者来说是无法实现的。

那么我们要怎么办呢？

在上一章，我们深入剖析了一只具体股票的建仓实战，我相信这增进了大多数投资者对本书所揭示的建仓方法的理解。正如我们之前所反复强调的，金字塔建仓模型并非一成不变的策略，而是需要我们灵活调整的。

本章中，我们将在第四章的金字塔建仓公式应用以及第五章的实战解析的基础上，更全面和综合地阐述金字塔建仓策略，并提供三种优化金字塔建仓模型的方式，包括调整建仓次数、建仓跨度和回本预期，以优化建仓方案，使得投资者能够真正有效地应用这种建仓策略，塑造更高维的资金及仓位管理思维，并能够根据个人的资金状况、风险接受度以及市场的变化动态调整建仓策略，以达到最优的建仓效果。投资者要明确，公式只是一个基于假设的前提，投资者完全可以根据自己的实际情况进行建仓策略的优化调整。

第一节　调整建仓次数

正如我们说到的，上述案例建仓 5 次并不是普遍情况，而加仓 3 次对于大部分投资者的心理和风险偏好来说一般是可以接受的。因此我们先来看看，我们把建仓次数 t 变为 3，结果会有什么不同。

保持其他变量不变，以调整建仓次数来优化方案。仍是根据第四章我们推导出的金字塔建仓公式，初始建仓股价为 P，初始建仓数量为 X，建仓跨度为 a，等比建仓的倍数为 n，总建仓次数为 t，公式如下：

$$\frac{[n^t(1-a)^t-1](n-1)}{[n(1-a)-1](1-a)^{t-1}(n^t-1)} \leq 1.03$$

假设仍以 10% 作为建仓跨度，以 3% 为回本或盈利预期，把建仓次数 t 从 5 次调整为 3 次。则 $t=3$，$a=0.1$，代入公式可得：

$$\frac{[n^5 0.9^5-1](n-1)}{[0.9n-1]0.9^4(n^5-1)} \leq 1.03$$

我们再分别将等比建仓倍数 n 代入从 2 到 5 的数值。这次代入的时候，建仓次数 t 改变了，左侧的整体的结果也会改变。我们来看一下代入的结果：

表 6.1.1　建仓次数优化为三次的等比建仓倍数推导

n	代入公式计算结果（近似值）	不等式是否成立
2	1.06526	否
3	1.04368	否
4	1.03233	否
5	1.02549	是

根据表 6.1.1，建仓次数 t 调整为 3 次后，使不等式成立的最小值 n 为 5，即在确定建仓跨度为 10%，共建仓 3 次的情况下，想要实现每次建仓后股价反弹 3% 即回本或盈利的目标，以 5 倍的比例等比建仓为最优建仓方案。

调整后的建仓方案为：

表 6.1.2　建仓次数优化为三次的建仓方案

	建仓跨度（百分比）	股价（元）	股数（股）	成本（万元）	持仓均价（元）	回本／盈利空间（百分比）
第一次建仓		100	1000	10		
第二次建仓	10%	90	5000	45	91.667	1.85%
第三次建仓	10%	81	25000	202.5	83.065	2.55%

　　虽然经过建仓次数的调整对最终结果并没有产生影响，但是观察将 n 代入时，不等式的成立结果可以得知，预计的建仓次数越多，需要的建仓倍数，或者说需要的资金也会越多。所以，投资者要预先制定出合理的建仓方案。一般而言，我们留出 3 次建仓的空间是必要的。

　　但是，如果股价一路下跌，你需要不断加仓，此时，你的建仓倍数就需要更大，换句话说，你的资金需求就会更大，所以前期的分析是非常必要的。正如我们前面反复强调的，确定一个正确的扳机点是重中之重。就好比你正在狩猎，扳机点就是你开枪的位置。如果猎物还在你的射程范围之外时，你就急匆匆地开枪，那么你成功的可能性几乎为零，你需要在猎物进入你的射程范围时才开枪，这就是扳机点的意义。此外，你要判断股票可能下跌到哪个位置，然后再计算这个位置距离你的持仓成本有多远，这个空间大小决定了你的建仓策略。例如，如果这个空间有 30%，那么我们可以选择每次都按照 10% 的比例去建仓，这样的话，你就需要加仓三次。

　　在这个过程中，你需要算出自己是否有足够的资金应对这三次加仓。

通过一定的数学计算，你可以得出自己的建仓方案是否可行。如果逻辑推导都不成立，那么，你是否还打算盲目投资呢？各位投资者看到本章，心里一定有自己的答案了。所以，理性的分析和计划是投资成功的关键。

虽然建仓5次和3次的建仓倍数n相同，但当我们试着对比两次方案中代入n值的结果，就会发现它们之间存在的差异。

优化后的不等式成立结果与优化前的不等式成立结果对比如下：

表 6.1.3　优化前建仓次数为 5 次的不等式结果

n	代入公式计算结果（近似值）	不等式是否成立
2	1.09983	否
3	1.05579	否
4	1.0378	否
5	1.0283	是

表 6.1.4　优化后建仓次数为 3 次的不等式结果

n	代入公式计算结果（近似值）	不等式是否成立
2	1.06526	否
3	1.04368	否
4	1.03233	否
5	1.02549	是

表 6.1.3 和表 6.1.4 提供了关于两个不同建仓次数方案的成立结果详细对比。从中可以看到在我们进行 5 次建仓时，左侧的计算结果数值从 1.09 变化到 1.028。而同样的，表 6.1.4 则揭示了当我们将建

仓次数 t 设为 3 时，左侧的数值从 1.065 降低到了 1.025。

从上述两个表格中，我们可以得出一个结论：优化后的建仓方案在回本难度上都低于优化前，虽然代入不等式之后都是需要取 $n = 5$ 时才能成立，但是与不等式成立条件的差距是在明显缩小的。也就是说，通过优化，我们可以找到更易于实现回本的投资方案。

接下来大家可以进一步思考一个问题，上述案例中我们采用的是小于或等于 1.03 的条件，这保证了回本结果的稳定性。但如果我们稍稍调整回本预期这个因素，例如将 1.03 提升到 1.035，那么是否不等式成立的结果就会发生显著的变化？

我们继续假设，建仓跨度 a 为 10%，预期建仓回本或盈利空间变为 3.5% 即每次加仓操作后，股价只要出现 3.5% 的小反弹即可实现回本或盈利，与最初 3% 的反弹预期相差并不大，那么此时所需的等比建仓倍数为多少？

将以上数据代入模型的最终公式中，我们得到：

$$\frac{[n^t 0.9^t - 1]\,(n-1)}{0.9^{t-1}(0.9n - 1)(n^t - 1)} \leqslant 1.035$$

不等式右侧的数值变为了 1.035，保持建仓次数 t 不变，我们分别将不同的 n 值代入不等式中。

当建仓次数 t 为 5 时，公式为：

$$\frac{[n^5 0.9^5 - 1]\,(n-1)}{(0.9n - 1) \times 0.9^4 (n^5 - 1)} \leqslant 1.035$$

代入不同的 n 值后，计算结果如下：

表 6.1.5　预期回本空间变为 3.5% 时，建仓次数为 5 次的不等式结果

n	代入公式计算结果（近似值）	不等式是否成立
2	1.09983	否
3	1.05579	否
4	1.0378	否
5	1.0283	是

我们通过表 6.1.5 可以很直观地看到，当建仓次数为 5 次时，则使不等式成立的最小 n 值仍为 5。

当建仓次数 t 为 3 时，公式代入后变为：

$$\frac{[n^3 0.9^3 - 1](n-1)}{(0.9n - 1) \times 0.9^2 (n^2 - 1)} \leq 1.035$$

代入 2 ~ 5 不同的 n 值后，计算结果如下：

表 6.1.6　预期回本空间变为 3.5% 时，建仓次数为 3 次的预期回本空间结果

n	代入公式计算结果（近似值）	不等式是否成立
2	1.06526	否
3	1.04368	否
4	1.03233	是
5	1.02549	是

由表 6.1.6 可得，当建仓次数为 3 次时，则使不等式成立的最小 n 值为 4。

即当建仓跨度为 10%，要求股价反弹 3.5% 即实现回本或盈利目标

时，如果预定总建仓次数为 5 次，那么需要以 5 倍的比例等比建仓，如果预定总建仓次数为 3 次，则只需要以 4 倍的比例等比建仓。

由此我们可以得出一个关键结论：若是放到更大的数据样本中来看，在建仓跨度和建仓回本预期一定的情况下，总建仓次数与等比例建仓倍数成正比关系。

那么当我们选择了 3 次建仓，建仓倍数为 4，预收回本空间为 3.5% 时，我们的建仓方案如下：

表 6.1.7　建仓次数为 3 次，建仓倍数为 4 时的建仓方案

建仓次数	建仓跨度（百分比）	股价（元）	股数（股）	成本（万元）	持仓均价（元）	回本／盈利空间（百分比）
第一次建仓		100	1000	10		
第二次建仓	10%	90	4000	36	92	2.22%
第三次建仓	10%	81	16000	129.6	83.62	3.23%

通过表 6.1.7，你会发现这次整体建仓方案所需的资金总共是 176.5 万元，与我们前面的建仓方案相比，这个资金明显低于我们在之前方案中的成本。这也正是我想要告诉大家的，如何去寻找资金量与回本预期之间的平衡。

每个人的风险承受力和回本预期都不尽相同。有些保守的投资者可能认为，股票价格回升 3% 就能达到回本是比较合适和安全的。那么，为了达到这样的回本预期，你需要投入的资金量，在我们前一个建

仓方案中（见表6.1.2），是超过250万的，这可以覆盖20%的下跌，并满足你的回本预期。但是如果你的回本预期稍微宽松一点，比如3.5%，那么你只需要170多万元的资金，就可以承受20%的股价下跌。

这里的关键是，你要根据自己的风险偏好和资金量，找到一种最优的建仓方案，并提前计算出这样的结果，这样你就可以知道，在多大的回本空间内，你的资金量是充足的，能够保证你在这个范围内操作，而不会亏损。

需要明确的是，目前我们所提供的建仓方案是基于科学研究和逻辑推理，它在理论上是完全正确的。如果我们尽可能根据这套理论进行实践，就能大概率在投资领域中实现我们的目标。这就是科学实验的魅力：我们将科学的理论应用在实际中，通过反复的实践来验证我们的理论，最终我们将得出属于自己的交易体系。这个体系是强大的，它可以帮助我们在变化莫测的股票市场中立于不败之地。此外还要强调的是，投资并非简单的数字运算，也无法单纯依赖某一个固定策略或模型。真正的投资还需要考虑市场的复杂性，需要投资者对市场有敏锐的观察力，只有这样，才能够在投资的道路上越走越远。

总的来说，本节主要围绕如何优化建仓方案，提出了通过调整建仓次数的方法。结果发现，在建仓跨度和建仓回本预期一定的情况下，总建仓次数与等比例建仓倍数成正比关系。这意味着，如果预计的建仓次数越多，需要的建仓倍数，也就是需要的资金也会越多。

通过调整建仓次数，我们不仅可以对比两次优化后代入 n 值的结果，从而了解两者之间存在的差异，更可以发现如何在资金量与回本预期之间寻找平衡。

本节再次印证了金字塔建仓模型并不是一成不变的，而是需要动态调整的。我们需要在投资金额、建仓次数等上做出合理的调整，同时也要根据市场动向，重新审视我们的投资策略，以确保我们的投资决策符合个人情况并能适应股市变化。所以，我希望阅读本书的读者不仅仅学到了一个建仓的方法、一个技术或一个买点，更重要的是，你学到了如何构建自己的科学交易体系的思维和策略。

第二节　调整回本预期

回本预期即要求每次建仓后股价反弹多少即可实现回本或盈利，这根据每个人的风险喜好程度会有所变化。因此，调整回本预期不仅可以影响你的投资决策，而且可以有效地控制投资风险。通过改变回本预期，投资者可以根据自己的风险承受能力及市场状况，灵活调整投入的资金量。

根据本章第一节的内容，可以清晰地看到调整回本预期在特定的条件下可以大大影响资金的投入。第一节中，回本预期由 3% 调整到了 3.5%，可能需要使用的资金量就会减少大约 70 万到 80 万。这就是公式的作用，它能让你通过计算，清楚地看到每个数据之间的关联与影响。

本节我们保持其他变量不变，继续以调整建仓回本预期来优化方案。

我们再来观察原始的建仓方案，建仓跨度为 10%，回本或盈利预期为 3%，建仓次数为 5，代入不同 n 值得到的结果如下：

表 6.2.1　预期回本空间变为 3% 时，建仓次数为 5 次的不等式结果

n	代入公式计算结果（近似值）	不等式是否成立
2	1.09983	否
3	1.05579	否
4	1.0378	否
5	1.0283	是

　　观察代入不同 n 值时不等式成立的结果，可以直观地看到，建仓回本或盈利预期空间越大，所需的等比例建仓倍数越小。

　　我们可以看到当 n 取 4 时，不等式左侧约等于 1.0378，那么此时，如果投资者认为每次建仓后股价反弹 3.8% 即可实现回本或盈利是满意的建仓结果，那么代表当 n 取 4 时，不等式成立，那么就可以选择 4 倍的等比建仓的方案。我们仍假设股价此时为 100 元，我们第一笔买入 1000 股，那么调整后的建仓方案为：

表 6.2.2　回本预期调整为 3.8% 后的建仓方案

	建仓跨度 a	股价 P	股数 X	成本（万元）	持仓均价（元）	回本／盈利空间
第一次建仓		100	1000	10		
第二次建仓	10%	90	4000	36	92	2.2%
第三次建仓	10%	81	16000	129.6	83.619	3.2%
第四次建仓	10%	72.9	64000	466.56	75.548	3.6%
第五次建仓	10%	65.61	256000	1679.616	68.087	3.78%

以表 6.2.2 为例，我们的建仓倍数 n 为 4，也就是本次购买的股数应是前一次的 4 倍，那么我们当股价第一次下跌 10% 时，我们需要购买的股数是 4000 股。成本价则会随之增加 36 万。至此，持仓均价就是成本总额除以股数，即 92 元。90 到 92 元之间，需要市场反弹 2.2% 就能回本。再来看第三次，假如股票继续下跌 10% 至 81 元，此时需要准备 129.6 万的资金，用总成本除以总股数，持仓均价则是 83.6 元，此时需要市场反弹 3.2% 就能回本。第四次建仓时，我们需要买入 64000 股，需要投入 466 万的资金，而到了第五次建仓，需要我们投入将近 1700 万的资金。总的来说，本次建仓五次投入的资金量大概在 2342 万的水平。

我们可以对比一下回本预期为 3% 时，建仓 5 次的方案：

表 6.2.3　回本预期为 3% 时的建仓方案

	建仓跨度 a	股价 P	股数 X	成本（万元）	持仓均价（元）	回本／盈利空间
第一次建仓		100	1000	10		
第二次建仓	10%	90	5000	45	91.667	1.85%
第三次建仓	10%	81	25000	202.5	83.065	2.55%
第四次建仓	10%	72.9	125000	911.25	74.919	2.77%
第五次建仓	10%	65.61	625000	4100.625	67.469	2.8%

通过表 6.2.3 可以看出，回本预期为 3% 时，五次建仓投入的资金超过 5200 万。而当回本预期提高到 3.8%，选择的建仓倍数为 4 时，所需要的总建仓资金减少到了 2342 万。若是我们追求更低的预期回本，那就需要承担更大的资金压力。我们也可以看出，**建仓跨度和建仓次数不变的情况下，回本预期和所需建仓资金倍数成反比关系**，更严格的回本期望（即反弹幅度非常小就能实现回本或盈利）意味着需要更多的资金。

但回本预期实际上要看你的风险承受能力以及对于整体建仓规避风险所带来的作用，如果你设定的回本预期较宽松，例如 6%，那与 3% 相比，虽然需要的资金肯定会更少，但是能达到这样的反弹程度，其难度就增加了，如果不能抓住小反弹立刻回本出局，那么设立这样的建仓方案就失去了它的意义。因此，在实际操作中需要不断平衡对风险的判断以及对资金量的预估。

调整回本预期也是一个持续的过程，既需要投资者根据市场变化灵活调整回本预期，也需要投资者根据自身的风险承受能力和投资目标，适时调整预期。回本预期并不是单一存在的，它与资金、风险等多个因素相互影响，共同构成了投资决策的结果。因此，在调整预期的同时，也要能根据市场变化灵活调整其他因素，这样才能使预期更适应市场，有效提高投资收益。

通过本节，我们了解到调整回本预期对于控制投资风险和优化投资决策具有重要作用。投资者可以依据自身的风险承受力和市场状况，予以灵活调整，找到优化的建仓方案。提高回本预期对应的是需要更少的建仓资金，但同时也增加了回本的难度，这需要投资者根据市场环境和自身情况做判断和平衡。

第三节 调整建仓跨度

一直以来，我们讨论的建仓方案都是围绕股票下跌百分比为 10% 去设定的，但是在现实中，并非每次都能达到这个 10% 的下跌幅度。可能你所关注的股票只跌了 4% 或者 5%，然后便开始反弹，此时并没有出现你所设定的下一个建仓目标位，股价就已经上涨了。那么，在这样的背景下，我们应该怎样优化建仓方案呢？

关于这个问题，我们可以根据对于股票底部区域目标位的判断，来调整建仓跨度。

例如，若下一个目标位距离现在的买入价格很近，比如 5% 的地方就出现了一个缺口，或者有了黄金分割的目标位，在这种情况下我们就需要调整建仓跨度。但是建仓跨度也不能太小，至少要超过股价的日常波动，否则盘中频繁触发加仓目标位，也不好实现相应的加仓操作。假设我们将建仓跨度从 10% 减少到 5%，也就是说每次股票下跌 5%，我们就会再加一次仓。至于回本空间，我们仍然设定为 3%，建仓次数也还是 5 次。代入公式后我们得到：

$$\frac{[n^5 0.9^5 - 1]\,(n-1)}{(0.9^5 n - 1) \times 0.9^4\,(n^5 - 1)} \leqslant 1.03$$

按照这个新的建仓策略，我们可以通过数值法计算出最优的建仓倍数。把 1~4 的整数代入建仓倍数 n，计算 n 为何值时为最优的建仓倍数，结果如下：

表 6.3.1　调整建仓跨度后的不等式结果

n	带入公式计算结果（近似值）	不等式是否成立
1	0	是
2	1.0456	否
3	1.0258	是
4	1.0176	是

　　此时需要注意，虽然代入 1 不等式成立，但公式中的参数是 $n-1$，$n=1$ 时公式失去了意义，因此不作为参考。我们看表 6.3.1，由 n 分别取 2 至 4 得到的结果来看，n 与不等式左侧计算结果成反比，因此使不等式成立的最小 n 为 3，即在确定建仓跨度为 5%，共建仓 5 次的情况下，想要实现每次建仓后股价反弹 3% 即回本或盈利的目标，以 3 倍的比例等比建仓为最优建仓方案。

表 6.3.2　调整建仓跨度后的建仓方案

	建仓跨度（百分比）	股价（元）	股数（股）	成本（万元）	持仓均价（元）	回本／盈利空间（百分比）
第一次建仓		100	1000	10		
第二次建仓	5%	95	3000	28.5	96.25	1.316%
第三次建仓	5%	90.25	9000	81.225	92.096	2.046%
第四次建仓	5%	85.74	27000	231.498	87.806	2.409%
第五次建仓	5%	81.45	81000	659.745	83.551	2.58%

　　然而，同样的底部空间如果采用不同的建仓跨度和建仓倍数，所需

的资金量会有很大差异。我们再来回顾一下本章第一节的建仓方案。

表 6.3.3 建仓跨度为 10%，建仓倍数为 5，建仓次数为 3 次的建仓方案

	建仓跨度（百分比）	股价（元）	股数（股）	总成本（万元）	持仓均价（元）	回本／盈利空间（百分比）
第一次建仓		100	1000	10		
第二次建仓	10%	90	5000	45	91.667	1.85%
第三次建仓	10%	81	25000	202.5	83.065	2.55%

如表 6.3.3 以底部空间为股价下跌 20% 时，如果采用 10% 的建仓跨度，建仓次数为 3 次，建仓倍数为 5，此时只需要投入 250 多万的资金。但我们观察表 6.3.2 的结果，如果将建仓跨度改为 5%，尽管建仓的倍数已经降到 3，但最终累计需要投入超过 1000 万的资金。

这说明在底部区域和回本预期一定的情况下，建仓跨度和建仓倍数成正比的关系：跨度越大，需要的建仓倍数越大，但由于建仓次数减少，整体所需的资金总量反而更少。因此，在实际应用时，我们需要根据资金状况和股票情况来综合选择适合自己的建仓跨度和建仓倍数。

那在什么时候适合缩小建仓跨度呢？在判断股票的下跌空间时，如果在判定的最大可能下跌范围内，存在多个可能受到支撑的小目标位，间隔都比较近，那么就适合缩小建仓跨度，选择相对较小的跨度如 5% 的空间去建仓，以确保不会错过随时出现的回本机会。

相反，如果你预判的最大可能性的下跌区间内，几乎没有其他支撑位，那么说明股票很可能会快速下跌至目标位，甚至跌破目标位继续

下行，这时就需要放宽加仓间隔，否则会在加速下跌中白白浪费加仓子弹。

大家需要注意，在选择建仓方案时，关键在于你对这只股票底部区域的判断，也就是对下跌目标位的预判。我们现在知道了怎样去优化、怎样去调整方案的关键在于理解公式参数、金字塔建仓要素之间的逻辑关系。并非哪一种方案绝对好，而是要看哪一种方案更适合你，以及你对这个市场的理解和对具体股票的预判，才能知道怎么去优化、怎么去调整你的方案。

我们可以从表 6.3.2 建仓方案中看出，需要投入超过 1000 万的资金才能完成五次建仓，完全抵御本次的下跌，这对于资金量的要求还是相对较高的。当然这也是非常极端的情况，一般如果在底部区域和扳机点判断没有重大失误的情况下，3 次以内的加仓基本就可以解决问题了。因此，再一次强调判定扳机点及底部区域的重要性，读者务必要深刻理解本书中第二章所讲内容，并结合技术分析方法的系统学习谨慎确认开仓位置。

再回到目前的建仓方案中，假如我们的扳机点判断没有问题，下跌空间在 10%，那么按照 5% 的建仓跨度，只需要进行 3 次建仓就可以等到至少一次反弹回本的机会，那么我们就可以将建仓次数减少，结果会如何呢？

我们把建仓次数 t 进行优化，从 5 次减少为 3 次，回本预期仍为 3%，就可以得到公式：

$$\frac{[n^3 0.95^3 - 1] \, (n-1)}{(0.95n - 1) \times 0.95^2 (n^3 - 1)} \leqslant 1.03$$

代入 2 ~ 3 不同的 n 值后，计算结果如下：

表 6.3.4 调整建仓次数后的不等式结果

n	代入公式计算结果（近似值）	不等式是否成立
2	1.0305	否
3	1.0205	是

根据以上计算结果可知，仍是建仓倍数为 3 时，是我们要找的最优建仓比例。由此得到的建仓方案如下：

表 6.3.5 调整建仓次数后的建仓方案

	建仓跨度（百分比）	股价（元）	股数（股）	总成本（万元）	持仓均价（元）	回本／盈利空间（百分比）
第一次建仓		100	1000	10		
第二次建仓	5%	95	3000	28.5	96.25	1.316%
第三次建仓	5%	90.25	9000	81.225	92.096	2.046%

如表 6.3.5 所示，建仓次数调整为 3 的情况下，我们只需要大约 100 万资金，就可以抵御下跌，实现回本或盈利。

但我们也可以看到，表 6.3.4 中，n 为 2 时得到的数值和 1.03 非常接近，这启发我们，如果我们再结合第二节的内容，尝试适当放宽回本预期，能否找到更好的解决方案呢？

表 6.3.6　调整回本空间后的建仓方案

	建仓跨度（百分比）	股价（元）	股数（股）	总成本（万元）	持仓均价（元）	回本／盈利空间（百分比）
第一次建仓		100	1000	10		
第二次建仓	5%	95	2000	19	96.67	1.76%
第三次建仓	5%	90.25	4000	36.1	93	3.05%

根据表 6.3.6，我们只需要稍稍提高回本预期至 3.05%，即可以用更少的投入实现盈利。这时，我们只需要投入 60 多万的资金，便可抵御股价下跌 10%，并在股价回升 3.05% 后实现回本。可见，通过建仓策略和回本预期的调整，可以显著节省投资成本。

通过对建仓跨度的优化，我们可以使投资更加科学和理性。我们可以使用这种方法，寻找最适合自己的投资策略。不过需要注意的是，投资市场中充满了不确定性，任何策略都无法保证 100% 成功。因此在投资过程中，我们既要有充分的准备，也要保持谨慎的态度。

总结来说，本章为大家讲解了建仓策略的优化，主要需要考虑建仓跨度、建仓次数和回本预期三个要素，并需要根据股票的下跌目标位、底部区域的支撑力度，以及自身的资金状况和盈利预期等因素来进行综合调整。通过优化建仓策略，可以使投资更加科学和理性，降低投资成本，提高回本机会。投资市场中充满了不确定性，因此在投资过程中，应保持谨慎的态度，做好充分的准备。

第七章

资金及仓位管理策略总结

第一节　金字塔建仓模型的适用环境

　　本书中介绍的这种金字塔建仓模型的独特性就在于可以提前设定回本预期，相当于给每一次加仓都上了一个保险，一般来说假设回本预期是3%，那么只要在股票能够出现3%的小反弹的可能范围之内，我们就是稳赢的，因此这个建仓公式也叫做"3%稳赢公式"。这个公式有两种重要的适用环境：第一种就是买入之后，发现股票意外下跌了，可以利用它来自救，保证本金安全，甚至可能实现扭亏为盈；第二种就是我们想尽量让成本更低，就可以通过这种方式在底部区域进行有计划的埋单，有效伏击接下来的拉升行情，属于一种左侧建仓法。接下来，我们结合具体案例再来详细讲解一下这两种情形下的应用。

一、面对股市意外情况的自救

通过前文的讲述，我们也全面地认识到了金字塔建仓模型确实可以帮助我们解决许多实际的问题。股市中的买点永远不存在 100% 的确定性，因此，分仓策略至关重要，其意义就是让我们拥有"起死回生"的能力。

我们还是以港股中的"美团"这只股票为例。我们先来看该股 2023 年 6 月到 8 月的走势图（图 7.1.1）。

图 7.1.1　美团股票 2023 年 6 月至 8 月的走势图

当在美团这只股票中找到上升通道之后，我们发现股价多次碰到上下轨，我们也许会认为其触碰到上下轨道线时是比较好的买卖点，但此时我们其实还不能确定这只股票是强势还是弱势，因为中间的调整过程中，有些位置既没有打到上轨，也没有触碰到下轨。只有当它在上升趋势中明显打到了上轨，然后再标准地回到下轨并受到支撑，才更适合进行买入。以图 7.1.1 中所示股价再一次向下打到下轨，并在次日快速出现小反弹，按照上通道线的买卖法则，这里可能是一个较标准的买点，如果在此买入，随后的走势会怎样呢？

图 7.1.2　美团股票的走势图

我们来看图 7.1.2，买入后出现了一些意外情况，2023 年 8 月 24 日出现一根大阳线，而短暂反弹过后就开始震荡，然后 2023 年 8 月 31 日就是一根大阴线，直接把买点成本位给击穿了。在这个位置你是否能心甘情愿去止损呢？我们前面谈到了，如此剧烈的变化可能会让投资者心生困惑："此时我应该止损吗？"我们对此的回答是，如果你不是分仓买入，那么你没别的选择，只能止损认赔。但如果我们是分仓介入，那么就可以采取金字塔建仓策略，在股票被套牢的时候，还有自救的机会，可以考虑加仓来为自己争取全身而退的机会。接下来，我们就可以用金字塔建仓模型进行自救了。

首先，你要找出美团股票的下跌空间，如图 7.1.3，我们直接为大家展示该股的底部区域。

图 7.1.3　美团股票 2023 年 6 月至 10 月的走势图

如图 7.1.3 所示，仍然利用前文讲到的底部区域的预判方法，画出黄金分割拓展目标位。我们可以看到图中蓝色方框标记的地方正是两次跌到黄金分割关键目标位且刚好是前期低点的关键支撑位，因此这是下跌过程中的重要加仓目标位。当跌到第一个目标位时，股价出现了 4.5% 的反弹，可以实现回本但机会比较短暂。而跌到第二个目标位之后，股价开始拐头，出现了 10% 以上的反弹，这也是一次可以自救出局的机会。因此，有了金字塔建仓模型后，在这段下跌过程中，只要出现 3% 以上的反弹，就可以保本出局，避免后续更大幅的下跌。

以上案例是很多投资者经常遇到的问题。当你买完股票后，不幸的是，它在两天内没有上涨，而是下跌了。在这种情况下，很多投资者可能会产生抱怨的情绪，诸如："为什么我运气这么不好呢？""为什么我买的股票就不能涨上去呢？"，等等。实际上这符合很多投资者的心态，因为在没有解决方法的情况下，大多数人的反应往往就是这样的抱怨，可能会将责任归咎于公司、环境和自己的运气。

然而，当你掌握了金字塔建仓模型这样符合逻辑、有策略的交易方法后，你将明白，其实股市盈利并非运气好坏的问题，而是自己是否掌握了正确方法的问题。正如巴菲特每年都会反思自己的错误，寻找到问题的根源。我们也应该在投资的过程中时时反思：我们犯的错误到底出在哪里？我们是否选错了买入的点位？是否压根就不具备抵御风险的能力？

我非常喜欢小说《三体》中智子所讲的一段话，放在股市中再恰当不过："生存本来就是一种幸运，过去的地球上是如此，现在这个冷酷的宇宙中也到处如此。但不知从什么时候起，人类有了一种幻觉，认为生存成了唾手可得的东西，这就是人类失败的根本原因"。在股市中太多人认为这是一个理所应当获利的场所，期盼在这里实现资产翻倍，甚至一夜暴富的梦想，但是却忽视了，在这里最重要的不是短期股票能上涨多少，而是在多长的时间和多大的风险内，你能保证自己安全存活。股市永远都是涨跌更替，只有能安然度过暴风雨的人才能看到阴霾后的彩虹。

对于那些经历过股市意外下跌而感到沮丧的投资者，最需要的不是寻找下一个牛股，而是学会分仓策略，在可能的风险中提前做好应对准备，那么他们才有可能转危为安，保证资金的安全，真正提升在股市盈利的能力。

二、有计划地提前埋单，降低成本

第二种情况是我们想在较低的位置买进，享受更大的获利空间，我们要怎么做呢？通过金字塔建仓模型，投资者能够有计划地提前埋单，在股票价格较低的时候买入，这样就可以降低成本并有效地控制风险。这种策略既可以在股票价格上涨时获取尽可能多的利润，又能在股票遇到下跌时降低风险，避免损失。

这就需要完成对于"扳机点"和底部区域的判断。我们还以前面谈到的特斯拉这只股票为例。

图 7.1.4　特斯拉股票的走势图

它在下跌过程中每次打到下降通道线下轨通常来说就是买点。但是我们前面也提到，如果你判断这里只是一个小反弹，你并不希望参与这样小的波段，可以选择在这个位置不买。什么时候才买呢？我建议是在它极有可能形成较大的行情反转的时候再去买。那如何判断这一点呢？我们前文有讲过一个五浪的概念，当它走到第 5 浪过后，如图 7.1.4，2022 年 12 月 22 日，是下降通道线下轨与黄金分割目标位交叉的位置，同时也是股价经历了上涨下跌几个阶段，进入 5 浪攻击浪的位置，这就是一个好的买入时机。

那么我们怎么预判底部区间呢？找到下一个黄金分割目标位，就能大致预判底部就在 1.382 的位置。你做的不过是通过黄金分割找出它最大可能的下跌空间。你开始时并不会一眼就看穿所有的底部，这是一个动态的过程。在底部判断完毕后，可能面临两种情况：

一是你的资金还没用完，股价就已经反弹了，那么你是否可以在上涨的过程中继续加仓？答案是可以的，但这并不是我们本次讲解的重点，因为此时安全已经不是问题，只不过是盈利多少的问题。

二是你的钱可能根本不够，因为你判断的底部区间只是最大可能性的一个目标位，在第一次加仓后，可能会遇到进一步的下跌，那如果你的资金已经加到底，股票还在下跌怎么办呢？我们重点解决的就是如何保证自己的资金能够在最大范围内覆盖这种风险。

你需要找到一种最简单的方法，就是用黄金分割找出它下跌的目标位。确定了起点和终点后，可以画出黄金分割的拓展线，找到最近的一个目标位。计算距离现在的价格有多大的空间，针对这个区域进行分仓买入，而买入的数量要严格遵循建仓公式所讲到的比例。

这就是利用黄金分割找到最大可能的下跌空间，如图 7.1.4 中，从黄圈标记的买点位置至黄金分割 1.382 的位置，大约是 18% 的下跌空间，然后按照这个空间划分你的加仓点，这样你就能确保自己的资金安全，而且你的成本是足够低的。

但是，有的股票可能它下面的目标位不止一个，你需要找到一个最大可能性的目标位，这里还涉及一个关键的问题，叫作共振。就是前文谈到过的关键支撑位的共振。在某些情况下，你可能会看到管道线和黄金分割线交汇于某点，这个交汇的价格附近就可能是股票下跌的目标位置。当股票价格跌到这个位置时，其可能突然反弹，甚至反转的概率会增大，此时我们观察其下方是否存在大的缺口。如果股票下跌的目标位既是下降管道线下轨，又是黄金分割目标位，而且还在一个缺口的位置，那么这就已经形成了一个比较明显的共振。

图 7.1.5　特斯拉股票的走势图

　　如图 7.1.5，特斯拉股票在图中黄色圆圈标记的位置能形成反弹或者反转的概率会比其他目标位更高，因为这里既是下降通道下轨与黄金分割目标位的交点，又是刚好打到下方缺口，因此受到的支撑作用自然会更强一些。共振就是我们能够提前埋单、降低成本的一个重要依据。

　　我们再以苹果公司这只股票为例，如图 7.1.6。

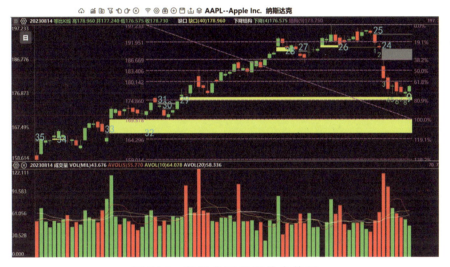

图 7.1.6　苹果公司股票的走势图

　　在一路强势上涨后，股票在 2023 年 8 月 1 日进入回调阶段，在回调的过程中，我们可以看到如图 7.1.6 所示，在黄金分割 0.809 的位置的缺口下方还有一个大的缺口，这就是接下来股价很可能受到支撑的下跌目标位，而从现价到此目标位的距离就可以决定接下来的加仓数量，并且股价刚好走完了结构 9，因此目前这个位置就可以作为扳机点。而各位投资者一定都熟悉苹果公司这只股票，其基本面肯定毋庸置疑，绝对是有价值的股票。那么我们可以选择在这个买点采取分仓操作，先买一小部分，然后根据股票可能的下跌目标位来计算剩余的购买量。

当确认了买点之后，我们需要判断下方可能的底部区间，如果该股继续下跌，那么该股下跌的目标位在哪里呢？我们看到图7.1.6中下一个缺口的位置，正好也是黄金分割位，我们可以认为这就是下一个目标位。为了更清晰地判断，我们可以再以回调前的高点为起点，此时的股价为低点，使用黄金分割拓展来判断下一个目标位。

图 7.1.7　苹果公司股票的走势图

如图7.1.7所示，我们可以看到黄金分割1.19的位置，下面有一个缺口，这是一个共振的买点，非常有可能是下一个下跌的目标位，而在这个时候，我们可以看出，由于我们判断底部区间比较小，那么不需要进一步划分底部区域，直接采用均价建仓法即可，我们可以在开始的扳机点及下一个目标位分批购买，以此降低成本。一旦股票在二次建仓点反弹，我们就可以实现回本。若股票继续跌，我们可以继续采用均价建仓法，在下一个目标位继续建仓。

我们来看接下来该股的走势。

假设我们在图 7.1.7 中股价走完结构 9 时买入，那天为 2023 年 8 月 15 日，价格大概在 178 美元的位置。接下来，股价开始跌，跌到第一个目标位——黄金分割 1.191，也就是大约 3.2% 的下跌空间。若是再到缺口位置，也就是黄金分割 1.382 的位置，大概是 5.4% 的空间。我们可以看到这个底部空间的范围是非常小的，此时无需采用金字塔建仓法，在我们预判底部空间较小时，采用均价建仓法即可。

假设我们首次买入的股数为 100，采用均价建仓法的建仓方案如下：

表 7.1.1　均价建仓法建仓两次建仓方案

	建仓跨度（百分比）	股价（元）	股数（股）	总成本（元）	持仓均价（元）	回本／盈利空间（百分比）
第一次建仓		178	100	17800		
第二次建仓	3.2%	172.5	100	17250	175	1.6%

经过计算，表 7.1.1 就是我们采用均价建仓法的建仓方案。第二次建仓后，我们的成本大概到了 175 美元的位置，此时的回本空间是 1.6%，符合我们的预期。也就是说股价只需要有 1.6% 的反弹，我们就能回本了。

接下来，你会面临一个选择：如果反弹，在这个位置要不要卖呢？要保本出局还是继续等待盈利，这取决于你对自己资金量的判断。如果在这里不卖，它有两种可能：一是还会继续往上涨，持股即可，接下来不过是赚多赚少的问题；二是如果他不会往上涨，继续下跌，那么下跌的目标位需要我们提前判断，并计算如果进行下一次加仓所需的资金，评估是否在自己的资金范围内。假如说我们现在的资金是足够进行下一次加仓的，我们不需要急于卖出，我们可以等待其冲击更高的目标位，或者即使股价再次下跌到了下一个底部目标位，我们也还有资金可以加仓。但如果此时资金不足，一定要在这个点卖出一部分，以防股市中的意外情况。说白了，如果你的资金能够抵御可能出现的风险空间，那么你就可以去赚可能出现的盈利机会；如果不能，那就先保证安全，保本出局。

因此，接下来就要预判一下如果继续下跌，下一个目标位是多少？

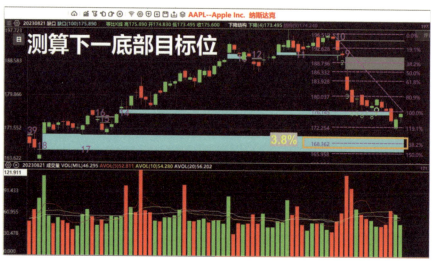

表 7.1.8　苹果公司股票的走势图

前文已述，接下来的下跌目标位很有可能是黄金分割拓展与缺口重合的位置，此时距离上一次建仓的下跌空间为 3.8%，依旧是比较小的，小于 5% 底部空间范围，我们可以继续采用均价建仓法。

接下来，我们来计算一下第三次建仓需要多少资金。

表 7.1.2　均价建仓法建仓三次建仓方案

	建仓跨度（百分比）	股价（元）	股数（股）	总成本（元）	持仓均价（元）	回本／盈利空间（百分比）
第一次建仓		178	100	17800		
第二次建仓	3.2%	172.5	100	17250	175	1.6%
第三次建仓	3.8%	168.3	200	33660	171.65	1.99%

注意，采用均价建仓法时，第三次建仓的数量是前面的股数之和，才能将成本平均到前面的持仓均价和目前的市场价。所以你更需要注意剩余的资金够不够，不仅要预测目标位，也要评估你的资金量。在这个黄金分割和缺口重合的位置，大概股价在 168.3 美元，如果价格继续下跌，那么还需要的资金至少为 33660 元。若资金量足够，三次建仓后，回本空间为 1.99%，也符合我们的预期。

实际上，该股的走势如何呢？

图 7.1.9　苹果公司股票的走势图

股价实际上在打到黄金分割 1.191 的位置时就反弹了，也就是我们预估的第一个目标位时，股价就已经反弹，我们已经实现盈利了。但大家根据图 7.1.9 可以看出，在 2023 年 8 月 21 日这一天，股价在 189 美元左右的位置遇到了很强的阻力位，即前期缺口的位置，此时股价非常有可能继续下跌。因此，假设我们在这个位置选择出局，可以计算一下我们的盈利。

表 7.1.3　均价建仓法建仓第三次卖出的建仓方案

	建仓跨度（百分比）	股价（元）	股数（股）	总成本（元）	持仓均价（元）	回本／盈利空间（百分比）
第一次建仓		178	100	17800		
第二次建仓	3.2%	172.5	100	17250	175	1.6%
第三次卖出		189	200			

在这个位置卖出，股价为 189 美元，卖出 200 股，为 37,800 美元，前面两次建仓的总成本为 35,050 美元，此时我的盈利是 2750 美元。

综上，本案例是为大家演示在实际情况中怎么去操作，这个策略采用的是均价建仓法，因为在股价下跌空间幅度不大的情况下，我们无需采用金字塔倍数建仓法。利用均价建仓的思维方式和策略就已经足够帮助我们应对下跌的风险，保证资金安全。

此时，各位投资者可以和我一起回忆一下第一章中我们为大家举出的案例。在股票投资的过程中，分仓操作和全仓操作的策略选择对于最终的盈亏结果非常关键。在第一章中，我们就进行了全仓操作和分仓操作的对比分析，结果显示在相同情况下，采取分仓操作的盈利高出六倍之多。这是因为分仓操作在投资过程中更具灵活性，能够根据股价变化适时调整持仓情况，从而提高盈利空间。

当时我们就提出一个问题：如果我们能够找到最优的分仓比例，结果会不会更好？当时我们采取了一个非常简单的分批建仓方式，并没有进行具体的计算，但如果我们采用金字塔建仓模型，计算出分仓的最佳建仓比例，那么盈利空间是不是可能会更大呢？

假设我们的投资本金仍为 10 万元，股票的初始价格为 10 元。我们采取的策略是在股票价格下跌至 9 元时进行第二次购买，在股价反弹至 10.3 块时卖出。在第一章中，我们已经计算出，如果一次性投入所有本金进行购买，那么在股价反弹至 10.3 块时，我们的盈利为 3000 元。

如果我们采用金字塔模型进行分仓操作，那么我们的盈利将会大幅度提高。

而如果我们采用分仓购买，此时建仓次数 t 为 3，建仓跨度 a 为 10%，我们的回本预期为 3%，

代入公式为：

$$\frac{[n^3 0.9^3 - 1]\,(n-1)}{(0.9n - 1) \times 0.9^2 (n^3 - 1)} \leqslant 1.03$$

分别将 2~5 代入建仓倍数 n，得到如下结果：

表 7.1.4　采用倍数建仓法的建仓倍数选择

n	代入公式计算结果（近似值）	不等式是否成立
2	1.06526	否
3	1.04368	否
4	1.03233	否
5	1.02549	是

采用 5 倍的建仓跨度是我们的最佳比例，因此我们可以设定，第一次买入的股数设为 X，第二次购买的股数为 $5X$，第三次购买的股数为 $25X$。我们保持总投资额为 10 万块不变，根据这个购买次数分配对投入成本进行分配，最终可以计算出每一次的购买数量。

当我们按照这个方案进行建仓后，总的股票持有数量为 $31X$，而投入的成本为 10 万块，我们来分配一下每次投入的资金，得到的建仓方案如下：

表 7.1.5　采用倍数建仓法的建仓方案

	建仓跨度（百分比）	股价（元）	股数（股）	总成本（元）	持仓均价（元）	回本／盈利空间（百分比）
第一次建仓		10	389	3890		
第二次建仓	10%	9	1945	17505	9.17	1.85%
第三次建仓	10%	8.1	9725	78772	8.31	2.55%

　　从而我们可以计算出平均每股的成本为 8.3 元。而在最后，股票的价格跌至 8.1 块，我们此时虽然没有盈利，但是股票价格只需要反弹 2.55%，我们就可以实现回本。

　　经过金字塔建仓模型优化后，当股票价格反弹至 10.3 元时，我们总的盈利为 10.3× 总股数－总成本，也就是 10.3×（389 ＋ 1945 ＋ 9725）－（3890 ＋ 17505 ＋ 78772）＝ 24040.7 元。对比一下，优化后的金字塔建仓策略取得的盈利是一次性投入所有本金时的 8 倍！而且如果股票价格在我们第一次买入后就开始下跌，此时如果我们采用的是一次性投入所有本金的方案，那么我们就只有面临亏损这一个可能。但是如果我们采用的是分仓建仓的方案，只要股票价格反弹 2.55%，我们就可以实现回本，甚至实现盈利。

　　分仓操作的优越性在于其能够随行情变化灵活应对：当股价下跌时，我们可以有更多的资金进行补仓，降低成本，等股价反弹时，随时可以选择回本出局，从而大大降低风险。而全仓操作在面对大幅度下跌时就只有被动等待或止损割肉，别无选择。这在很大程度上降低了我们的主动性，也限制了可能的盈利空间。因此分仓操作相较全仓操作有更大的优势，能够在风险可控的前提下实现最大的盈利。而在分仓操作中，合理的仓位分配则是其中的关键，通过金字塔建仓公式，我们可以计算出最优的分仓比例，从而让风险最小化，利润最大化。当然，投资过程中还要密切关注行情变化，及时调整策略，这是每一位投资者需要注意的。

总的来说，金字塔建仓模型可以帮我们应对的情况是：假设你是在上升趋势中经过谨慎选择买入股票的，然后却发现股票价格突然大跌，这可能并不是你扳机点选择的问题，而是你缺乏应对意外情况的策略，因为意外不会消失，风险一直存在。在这种情况下，我们可以通过分仓策略，来避免无意义的止损。只需要适当操作，就可以保全本金，无需割肉，这就是所谓的安全自救。

此外，若是股票价格到达了一个可能是买点的位置，你有买入的意愿但又害怕买入后股票价格不升反降，同时也害怕不买入而错失机会，此时的建议是，使用金字塔建仓策略并有计划地进行建仓。如果碰到股价上涨的情况，那么你无疑是赚钱的。即使在买入后遇到股票下跌的情况，你同样可以通过加仓操作降低自身的成本，把风险降到最低。如果你找到的买点是在底部区间，但仍处于筑底阶段，随时可能会起涨，那么你可以在这个过程中，通过分仓策略有计划地埋单，把建仓成本拉到尽可能低。股价一旦开始起涨就能率先享受盈利，避免追涨而入，这也是主力通常会采用的一种建仓思路。金字塔建仓模型可以帮助我们在面对市场风险时采取积极的态度，更好地保护我们的资金，从而实现风险最小化。

第二节　金字塔建仓模型的注意要点

假设你现在拥有 100 万的本金，并面临以下两种投资选择：

选择一：你有 40% 的可能性赚取 200 万，20% 的可能性保持本金无损，40% 的可能性亏损 100 万。

选择二：你有 60% 的可能性赚取 100 万，20% 的可能性保持本金无损，20% 的可能性亏损 10 万。

你倾向于选择第一种投资方式，还是第二种？

有人会选择回报更高的第一种投资方式，因为它有 40% 的机会赚取翻倍的利润。但别忘了，也有 40% 的概率你将失去全部本金。如果我们从数学的角度计算，选择一和选择二的均值似乎差别不大。但在实际投资中，你只要有一次落入亏损 100 万的可能性之中，你的本金将全部损失。那时，你还有机会去追求那 40% 的高盈利概率吗？

我们做股市投资的目的不是要一夜暴富，而是为了保障辛辛苦苦赚来的资金的安全，同时在安全的前提下，在股市中追求长期、稳定的增长。财富的积累永远建立在本金安全的基础之上。巴菲特也特别强调，避免亏损，保住你的本金。所以，我们的目标不是追求最大概率的高盈利，而是让所有可能的损失降到最低。只有这样，盈利才可能实现。

鉴于此，无论投资结果如何，我们都必须保证不能亏钱。只有在保本的基础上才能去追求盈利。换句话说，面临投资风险时，我们应该如何通过分仓操作来保证本金的安全，然后在市场有转机时迅速翻盘，获得更多的收益，这是我们一定要注意的。

本书为大家讲到的金字塔式建仓是一种行之有效的投资策略。通过合理的资金和仓位管理，投资者可以最大程度地减少风险，确保投资安全。但有必要强调的是，这种策略并非一成不变，需要我们灵活处理和实践运用。实现风险最小化也是金字塔式建仓策略的主旨。我们应以维护本金安全为守，以获取更大收益为攻，在确保资金安全的同时，通过熟练的操作和策略，做好防守反击，达到在安全和收益之间的最佳平衡。

在使用金字塔式建仓策略的过程中，有以下几个关键点需要特别注意：

分散风险

金字塔式建仓允许投资者逐步进场，增加投资头寸。这种策略避免了投资者在单次交易中投入过大，因此能有效降低单次投资对总投资结果的影响。以金字塔式建仓逐级进场，可以根据行情的变化进行灵活调整，这样投资者就无需在开始时即对全部资金做出决策，可以有效避免因一次错误决策而导致较大损失的风险。

扳机点的确认及底部区域的预判

金字塔式建仓的重要一环是对股票底部区域的把握。依靠技术分析来预判股票底部，如果对深度和宽度把握准确，就可以明确投资方向，以此来指导建仓策略。扳机点的判断对整个建仓方案的执行有着重大影响，准确度越高，资金利用率越高，可抵御的风险程度越高，盈利的可能性也就越大，这是金字塔式建仓策略成功的关键和前提。

等比例建仓

在建仓过程中，建仓数量之间采取等比例增加的策略。该策略考虑

的是正整数的倍数即 n 为正整数。当然，实际上，只要保证买入数量 X
为整数，建仓的比例 n 也可以是小数，这样的情况感兴趣的读者也可以
继续深入研究。

确定建仓跨度

在确定扳机点后，我们采用的是等距建仓的策略。每次股价下跌一
定幅度，就开始下一次建仓。为保证实际操作的可行性，需要设定合理
的建仓跨度。这种策略简单直接，减少了过度思考带来的犹豫和延误。
当然我们也可以继续思考，假如我不采取等距建仓，而是等比例的跨度
建仓，结果会怎样？

回本或盈利的条件

在金字塔式建仓策略中，需要明确回本或盈利预期空间，该空间是
指建仓后股价反弹到持仓均价所需空间。这与投资者的投资目标和风险
承受能力有关。

策略的局限性

虽然金字塔式建仓策略有很多优点，但是也存在一定的局限性。首先，
这一策略主要基于技术分析和价格走势，对基本面和情绪的影响考虑不
足。一个好的建仓策略一定是全面考虑市场环境变量的，因此实际应用
中需要投资者对整体市场环境进行分析判断。

风险管理

虽然金字塔式建仓可以将投资均价降低，但也有风险。当股票价格
持续下跌时，投资者需要重视风险管理，例如设定止损点，对可能发生
的风险做好防范。

金字塔式建仓策略的核心以风险最小化为主旨。尽管追求盈利是投

资的动力，但不能忽视本金的安全性。因此，在追求更大收益的同时，我们还要使用恰当的操作和策略保障资金安全，找到风险和回报之间的最佳平衡点。

附　录

金字塔建仓模型常用参数一览表

　　本书的核心并不在于让各位投资者去进行复杂的计算，而是重点要了解该建仓思路，树立资金及仓位管理的思维，这些往往是很多投资者忽视的一个部分，也是投资中发生风险的最大原因之一。

　　在本书谈到的进行资金和仓位管理的过程中需要考虑的诸多因素中，建仓次数和时间跨度由投资者自己决定。比如，你可能需要决定我初次投资应该投入多少资金以便在股票上涨时获得收益；在股票下跌时，剩余的资金能否确保我不亏损。这些考虑都需要在实现建仓前进行严谨的计算和比较。随着继续建仓，可能会想要加仓，而加仓的比例，我们之前已经在公式表中进行过详细的计算，按照事先设定的倍数进行加仓就可以了。另外一点值得注意的是，在过程中，你可能会遇到3%的反弹，此时你是否应该继续持股待涨，或者出售部分股票？这个答案取决于你剩余的资金是否能继续抵御下跌的风险。如果你的资金足够抵御下一个目标位的下跌，那么你可以继续持有股票以待未来可能的升值。但如果你的资金无法继续承受这种级别的风险，您应该在回本时出售部分股票，从而降低投资的成本。

总结起来，这就是一个完整的建仓思路，一个有效的建仓策略需要你在开始之前仔细地审查并预测你可能面临的每一个风险，并根据你的资金状况抉择。如果你的资金足够维持投资，那么你就可以开始操作。如果你的资金有限，但你仍然盲目购买，那么你所能依赖的只有运气。

我们也充分认识到每个人的投资喜好、投资风险承受能力，甚至是投资的时机和环境都是不同的，所以在实际操作中，如何找到最适合自己的建仓方案？又如何确定最合适的建仓倍数 n 呢？对于这个问题，需要每个人去根据自己的实际情况进行深入思考和分析。

为了方便大家理解和操作，本附录特地编制了一份金字塔建仓模型常用参数一览表作为参考。共有四种情况，大家可以根据自己的实际情况，在遇到类似底部空间时，通过查阅参考表，无需再进行复杂的运算，可以直接找到最适合自己的建仓方案。希望这份参考表能帮助大家更好地理解金字塔建仓思路，在投资中能更从容应对，更科学地进行资金和仓位管理，最终在股市中取得更好的投资结果。

一、建仓次数 t 为 2，建仓跨度 a 为 10%，回本预期为 3%

代入公式为：

$$\frac{[n^2 0.9^2 - 1] (n-1)}{(0.9n - 1) \times 0.9 (n^2 - 1)} \leq 1.03$$

分别将 2 ~ 5 代入建仓倍数 n，得到如下结果：

n	代入公式计算结果（近似值）	不等式是否成立
2	1.0370	否
3	1.0278	是
4	1.0222	是
5	1.0185	是

通过上表可知，当代入 $n = 3$ 时，结果 1.0278 是小于等于 1.03 的，说明此时不等式在这里已经成立，因此不需要再考虑 4 和 5 的情况，因此可以选取 3 倍建仓，这是在当前方案下的解。

二、建仓次数 t 为 3，建仓跨度 a 为 10%，回本预期为 3%

代入公式为：

$$\frac{[n^3 0.9^3 - 1] (n-1)}{(0.9n - 1) \times 0.9^2 (n^3 - 1)} \leq 1.03$$

分别将 2 ~ 5 代入建仓倍数 n，得到如下结果：

n	代入公式计算结果（近似值）	不等式是否成立
2	1.06526	否
3	1.04368	否
4	1.03233	否
5	1.02549	是

　　第一个建仓方案我们是建仓两次，但是如果我们的底部空间是20%，我们可能要考虑加仓一次，当建仓次数为 3 次时，如上表，这也是我们第六章第一节为大家介绍的方案，使不等式成立的 n 值，最小建仓倍数 n 是 5，这就是最优解。也就是说，5 倍的建仓比例可以抵御20% 的下跌空间。

　　但这并不是唯一解，因为我们还可以调整预期回本的空间。如果我们认为，股票反弹 3.3% 就能回本，是可以接受的结果，那么不等式右侧就变成了小于等于 1.033，这时 4 倍建仓就满足条件了。如果认为，4.5% 的反弹空间可以接受，那么 3 倍建仓就足够。这是根据对不同股票的信心程度和对反弹概率的判断，如果对一只股票有足够的信心，就可以用少量的资金去期待它的反弹收益。

三、建仓次数 t 为 3，建仓跨度 a 为 5%，回本预期为 3%

代入公式为：

$$\frac{[n^3 0.95^3 - 1]\,(n-1)}{(0.95n - 1) \times 0.95^2 (n^3 - 1)} \leqslant 1.03$$

分别将 2 ~ 3 代入建仓倍数 n，得到如下结果：

n	代入公式计算结果（近似值）	不等式是否成立
2	1.0305	否
3	1.0205	是

这是我们在第六章第三节谈到的一个建仓方案，如果你预测某只股票的下跌空间较小，就可以以 5% 的建仓跨度逐次建仓。根据上表，n ＝ 3 时，不等式成立，是一个理想的建仓倍数。但至于到底选择采用几倍的建仓，这完全取决于个人的判断。如果认为该股票在现有的位置上有 3.05% 的反弹可能性，且这个反弹幅度在你的接受范围内，也可以选择二倍建仓。但此处的三倍建仓策略，股价只需反弹 2.05% 以上就已经实现回本，这样会更加安全。

决定建仓方案的因素主要包括对于这只股票的底部空间的判断、投资者的资金量和风险的承受能力等。此处只提供了相应计算结果进行参考，各位投资者可以根据自己的实际情况进行选择。

四、建仓次数 t 为 2，建仓跨度 a 为 5%，回本预期为 3%

第四种其实是我们之前介绍过的"均价建仓法"。虽然该建仓法有一定的弊端，但在某些情况下，也是一种有效的建仓策略，并非完全不可采纳。

当你预测下一目标位与当前买入价格的跨度较小，不足 5% 或刚刚超过 5% 时，就可以考虑在达到下一目标位时采用均价建仓，即第一次数量多少，第二次也买相同的数量。然后思考一下，加仓操作后，能否达到 3% 的回本预期？我们假设第一次的价格是 P1，第二次价格是 P2，两次买入的股数一样，那么持仓的均价应该就是这两个价格的平均数，也就是位于这两者之间的位置。

在此情况下，股价需要反弹多少才能回本呢？显然，由于是均价建仓，股价反弹结果是建仓跨度的一半就足以回本或盈利，由于底部区间不足5%，那么这个数值肯定在3%以内。

所以，当建仓跨度小于或等于5%甚至6%时，可以考虑采用均价建仓法，因为股价反弹的幅度只需达到3%，就可以实现回本或盈利。

因此，如果发现目标位与当前购买价格的距离较近，应选择均价建仓。这就是为什么我在分享宁德时代的具体股票操作经验时，并没有采用单一的倍数建仓方法。在前两次购买时，都是采取均价建仓法，因为当目标位距离较近时，倍数建仓并无太大意义；而在距离较远时，倍数建仓才能更好地降低平均持仓成本。因此，在实际操作中，各位投资者也要根据情况，综合使用各种建仓策略，以达到更好的建仓效果。

在实际的应用中，除了选择适合自己的建仓倍数、建仓跨度等之外，投资者还需要根据自己对股票的认知和信心，对股票底部空间的判断、资金量、风险承受能力等多个因素的综合考虑，进行具体的建仓策略调整。

本书所阐述的金字塔建仓思维为投资者揭示了股市赚钱的真相，在真实的投资中，最重要的是对于市场的理解和认知，以及自身能力的提升。理性的投资思维，科学的仓位管理，才是我们把握股市的底层逻辑和获得长期稳定的投资收益的关键。

跟随"投机之王"利弗莫尔的步伐，
盈在金融市场

套装包含书籍：

《股票大作手回忆录讲解（全译注释版）》

《股票大作手操盘术（全译注解版）》

《股票大作手回忆录》（舵手精译版）

《股票大作手操盘术》（舵手精译版）

《大作手利弗莫尔操盘心法：信心勇气等待》

《杰西·利弗莫尔的疯狂一生》

《股票大作手回忆录》

微信扫码
畅读折扣好书

套装简介：

　　杰西·利弗莫尔是华尔街传奇人物，《股票大作手回忆录》《股票大作手操盘术》这两本书完整阐述了他的投资理念和技巧。由于原著写于近100年前的美国，其内容对于大多数读者来说过于生涩难懂，更不易应用于当前中国股市实战。为此，华人利弗莫尔研究专家齐克用先生，在对原著进行精心翻译的基础上，增加了导读、案例、操盘逻辑、重点摘要、注解等内容，帮助大家更好理解利弗莫尔的操盘逻辑和技巧。